ポットブックス

子どもの作品がひかる いきいき壁面&室内飾り 12か月

チャイルド本社

子どもの作品がひかる

いきいき壁面&室内飾り12か月

もくじ

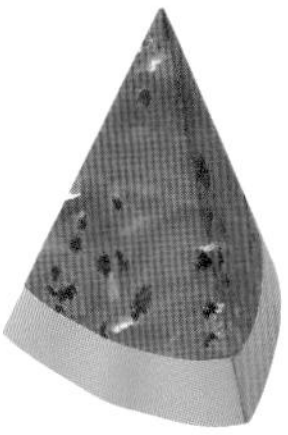

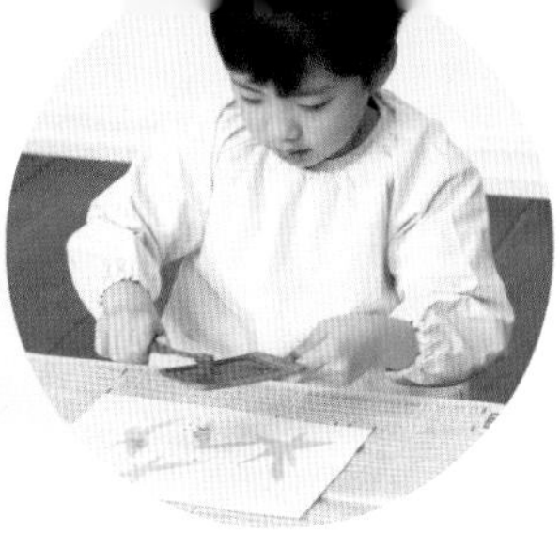

10月

11月

12月

1月

2月

3月

製作活動に楽しく取り組むコツ

------- まどか幼稚園園長 ● 町山太郎 -------

子どもたちが、楽しく製作活動を進めていくポイントを
① 環境設定や導入　② 子どもたちへの言葉かけ　の２つの視点から紹介します。

遊びへの興味や関心は子どもによって、またその時々によって異なります。決められた時間に製作するように指導をしても、子どもたちが楽しめる活動にはなりません。かといって、素材だけ用意して、あとは自由に任せていても、活動の深まりは期待できません。保育者が子どもの豊かな発想を広げる環境設定を行い、あるときはクラス全員で、あるときは好きな子だけが行えるように促すことが重要です。

また、できあがる製作物の善し悪しに縛られることはありません。製作過程で子ども一人ひとりがなにを感じ、工夫していったかといった経験や育ちを大切にし、個々の表現を認めていくことが、生き生きとした作品の創造につながっていきます。

① 環境設定や導入を工夫しよう

朝の環境設定で気分を高めよう

登園してきたとき、「今日はなにをしようかな？」と考えている子も多くいます。保育室や保育室に行くまでに必ず通る場所に造形遊びのコーナーを設定すると、造形活動をやりたくなる気持ちが高まります。

保育者の言葉かけ

スタンプで紙に
ポンポン押してみない?
好きなように押していいですよ

導入の工夫で参加しやすく

なにをするのかがつかみきれないと、活動に積極的に関われない子もいます。用意した素材を見せたり、他の子どもたちがなにをしているのかを紹介したりすることで、製作活動に参加しやすくなります。

保育者の言葉かけ

わー! おもしろいことを考えたね。
いいなぁ。先生もまねしよう!

ぼくもそれを
やってみたいな!

保育者も一緒に参加しよう

保育者も活動に参加し、一緒に描いたり作ったりして楽しんでいる姿を見せると、やりたくなる子も増えます。

※ただし、“先生と同じがいい”、“まねしたい”という子もいるため、それで終わらないよう、子どもたちの自由な発想を大切にする配慮が必要です。

② 上手な言葉かけで個性や積極性を引き出そう

一人ひとりの工夫を認めよう

個々にこだわったところや工夫したところを見つけて、認める言葉かけをしましょう。保育者に認められると、自信をもって新たな活動に挑戦する気持ちが芽生えます。

保育者の言葉かけ
たくさんの色を使って、すてきな絵が描けましたね！

好きな色で鳥を描きました。工夫したところは、絵の具だけじゃなく、色鉛筆やペンも使って描いたところです！
わたしはクレヨンと絵の具で描いてみようかな
ぼくはライオンを描きたい！

みんなのアイデアを楽しもう！

作品をみんなで見せ合うことで、個々の工夫や表現の仕方の違いを楽しみましょう。工夫したところを子どもたち自身に発表してもらってもよいでしょう。他の子どもが「自分もやってみたい！」「自分ならこうする」という気持ちが生まれ、次の活動への意欲が高まります。

保育者の言葉かけ

○○ちゃんと○○ちゃんも一緒にやりましょう！

興味や関心を示さない子には？

その子が仲よくしている友達も一緒に誘うことで、一緒にやってみようという気持ちになることもあります。友達が楽しんでいる姿や、友達の製作物を通じて、自分も「こんなものを作ってみたい！」「描いてみたい！」という気持ちが生まれます。その気持ちを見逃さずに製作活動に参加できるように援助していきましょう。

保育者の言葉かけ

じゃあ、明日もやろうね！　ここに置いておく?

また明日やろうね!!

数日にわたる活動の場合、一日の終わりに「また明日やろうね！」と、次の日も継続してできることを伝えることで、さらに活動を楽しむ期待感が膨らみます。子どもたちのアイデア次第で、次の日に素材の種類を増やしていってもいいですね。

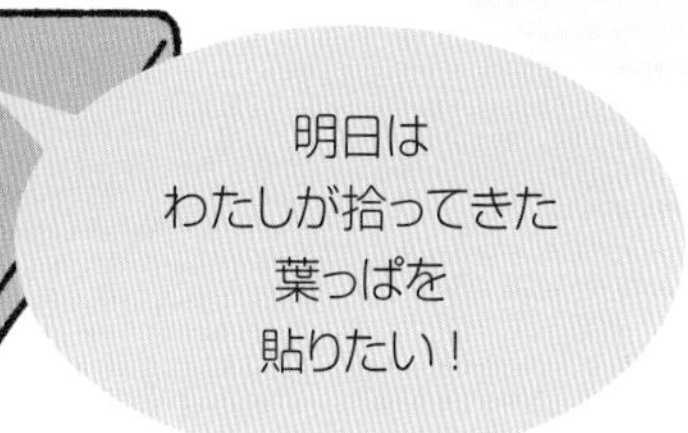

4月

たんぽでスタンプ!

ふんわりさくらが満開

案・製作●さとうゆか

子どもの作品

大きく咲いたさくらを
見て喜んでいる
みんなの声が
聞こえてきそうです。

材料

色画用紙、画用紙、筆、
たんぽ（布、綿、輪ゴム、割り箸で作る）、
発泡スチロール板（台紙用）

型紙
P80

作り方

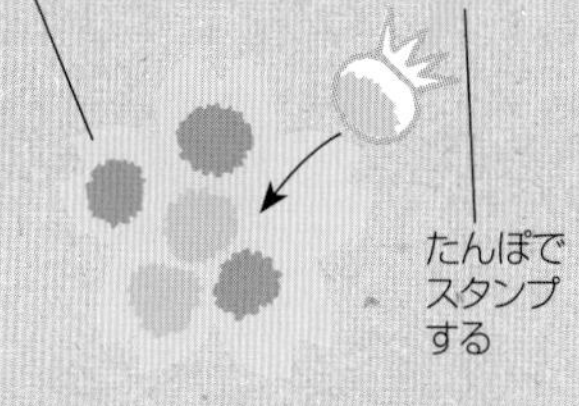

色画用紙に筆やたんぽを使って模様をつけます。ピンク以外にもオレンジや白などの絵の具を使うと、色鮮やかなさくらになります。

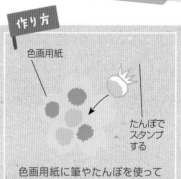

デカルコマニー＋マスキングテープ

ひらひらちょうちょう

**絵の具のチョイス、
マスキングテープの貼り方で個性が出ます。**

案・製作●尾田芳子

子どもの作品

材料

画用紙、色画用紙、マスキングテープ、モール

型紙 P80

作り方

〈ちょうちょう〉

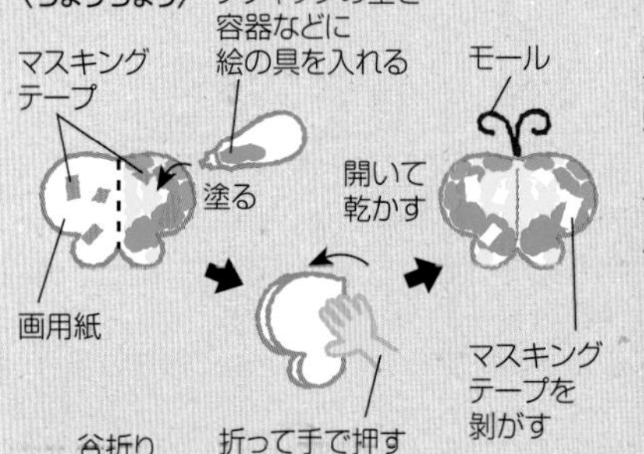
ケチャップの空き
容器などに
絵の具を入れる
マスキング
テープ
塗る
画用紙
谷折り
開いて
乾かす
折って手で押す
モール
マスキング
テープを
剥がす

〈たんぽぽ〉

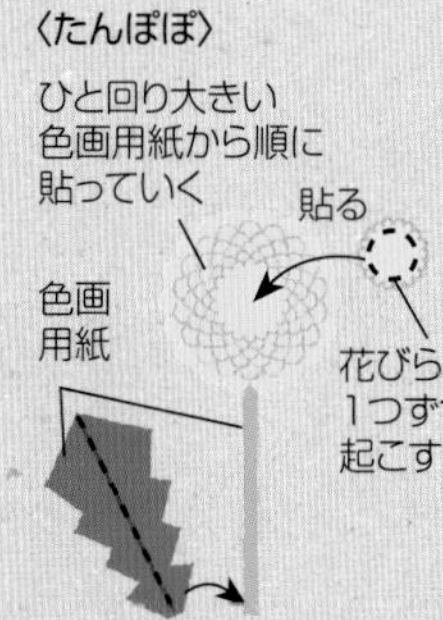
ひと回り大きい
色画用紙から順に
貼っていく
貼る
色画
用紙
花びらを
1つずつ、
起こす

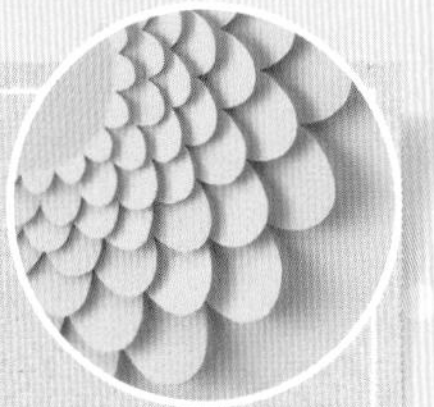

大きさの違うたんぽぽの花を重ねて、1つずつ花びらを折ると立体感が出ます。

いろいろスタンプ

お花の気球で、さあ行こう！

色とりどりのお花に好きな形のスタンプを押して。みんなの気球の完成です。

案●たかしまよーこ　製作●おおしだいちこ

材料

色画用紙、画用紙、発泡トレイ、段ボール板、発泡スチロール板（台紙用）

型紙 P81

作り方

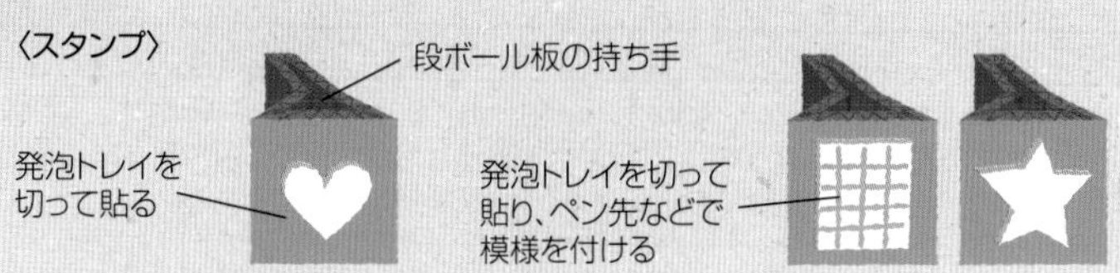
〈スタンプ〉
段ボール板の持ち手
発泡トレイを切って貼る
発泡トレイを切って貼り、ペン先などで模様を付ける

発泡トレイを好きな形に切り、絵の具を付けてスタンプします。
手軽に取り組めて新年度の製作にぴったり！

子どもの作品

なかよしそらぐみ

はじき絵

いちごおいしいね！

案・製作●さとうゆか

いちご畑にやって来ました。
どのいちごもみんな
おいしそう！

材料

色画用紙、
画用紙、筆、
発泡スチロール板（台紙用）

型紙
P81

作り方

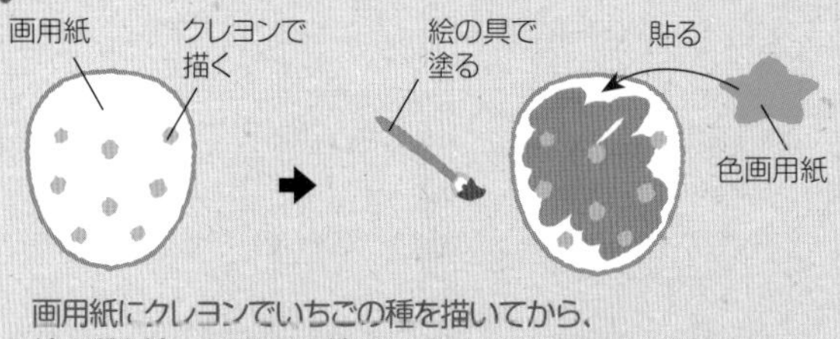

画用紙にクレヨンでいちごの種を描いてから、
絵の具を塗って、はじき絵に。かわいらしいいちごの完成です。

子どもの作品

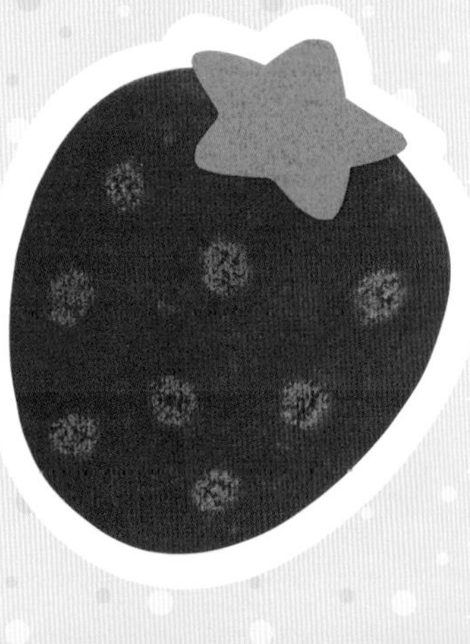

室内飾り

紙コップで型押し

さいた！　立体チューリップ

案・製作●あかまあきこ

紙コップで折り紙を挟んで型をとって作ります。本物みたいな立体感がポイント！

子どもの作品

材料

折り紙、紙コップ、色画用紙、曲がるストロー

型紙 P82

作り方

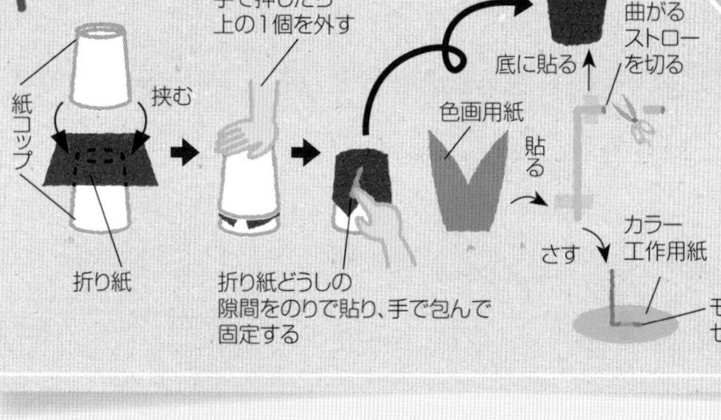

紙コップ
挟む
折り紙
手で押したら
上の1個を外す
折り紙どうしの
隙間をのりで貼り、手で包んで
固定する
底に貼る
色画用紙
貼る
曲がる
ストローを切る
さす
カラー
工作用紙
モールを曲げて
セロハンテープで貼る

カラー工作用紙に折ったモールを貼り、ストローをさします。チューリップがしっかり自立！

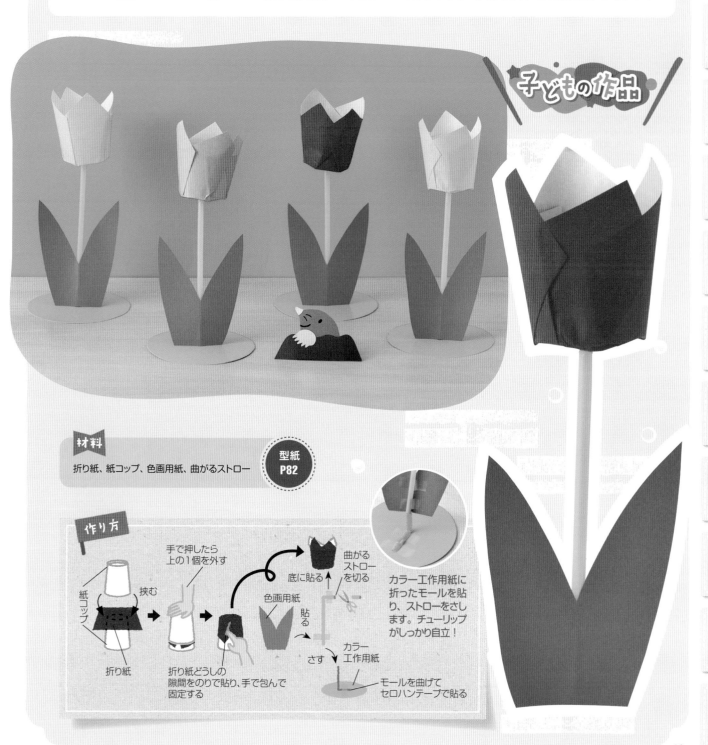

5月

クレヨンで模様描き

夢のおうちを作ろう

案・製作●つかさみほ

ピンクや緑、黄色など、カラフルなおうちがいっぱい。気球からの眺めはいかが?

材料

型紙 P82

色画用紙、
画用紙、折り紙、
キラキラした折り紙、
発泡スチロール板（台紙用）

作り方

丸、三角、四角の大小の色画用紙を用意します。子どもたちが自由に選んで組み合わせてクレヨンで描き、自分だけのおうちを作ります。

子どもの作品

お花紙をねじって

お花紙カーネーション

案・製作●いとう・なつこ

簡単な工程で作れるアイデアです。お花紙の質感が、カーネーションを華やかに表現します。

材料

お花紙、折り紙

型紙 P82

作り方

カーネーションの茎を、プランターに見立てた段ボール板の隙間にさして飾ります。

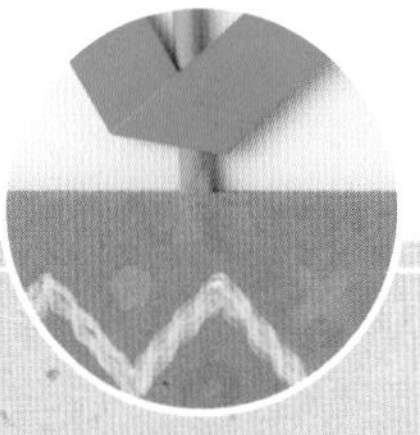

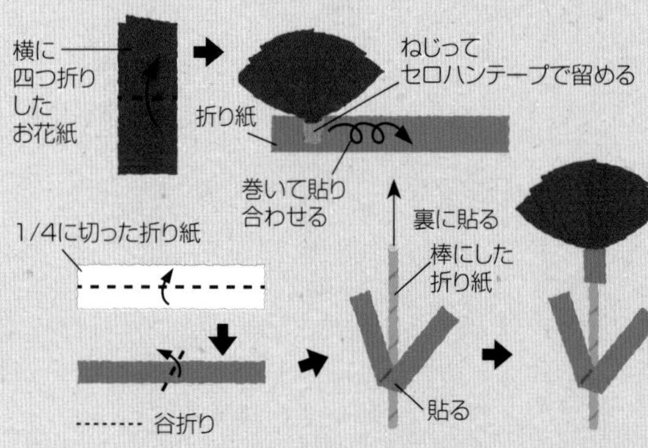
横に四つ折りしたお花紙
ねじってセロハンテープで留める
折り紙
巻いて貼り合わせる
裏に貼る
1/4に切った折り紙
棒にした折り紙
貼る
------- 谷折り

子どもの作品

綿棒のまとめ描き

大空を行く、みんなのこいのぼり

みんなが作ったこいのぼりが、
元気に大空を泳いでいます。

子どもの作品案・製作●アトリエ自遊楽校 渡辺リカ
壁面案●＊すまいるママ＊　製作●浦田利江

材料

色画用紙、綿棒、折り紙、モール

型紙 P83

作り方

綿棒を５本程度横に並べてセロハンテープで留め、絵の具を付けて描きます。ゆっくり描くと、線がきれいに出ます。

子どもの作品

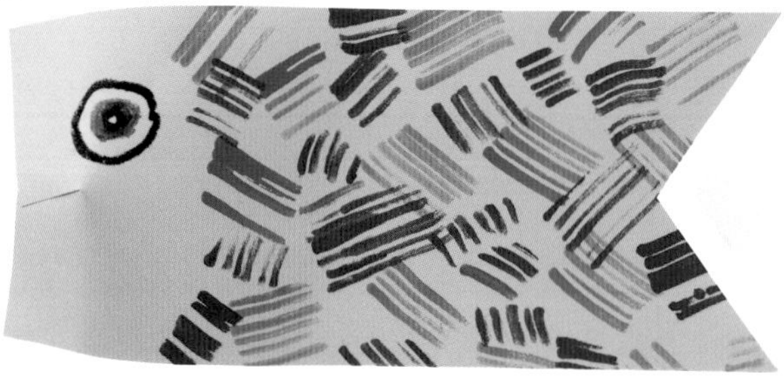

子どもの作品

クレヨンではじき絵

はじき絵の風船で空を飛んでみよう！

案・製作●いとう・なつこ

空からみんなに手を振ろう！
カラフルな風船がきれいです。

材料

色画用紙、画用紙、包装紙、モール、綿ロープ、発泡スチロール板（台紙用）

型紙 P83

作り方

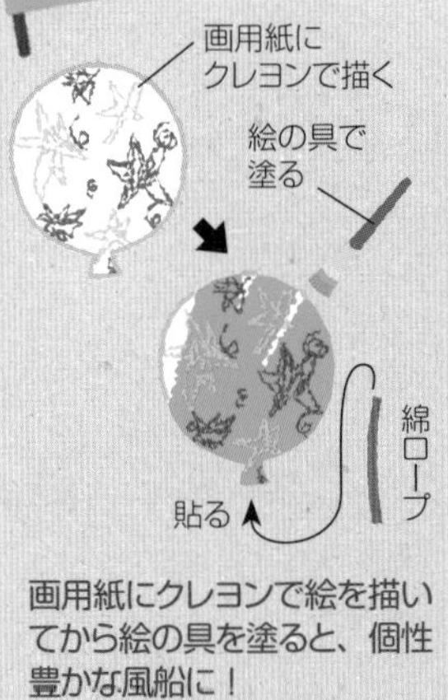

画用紙にクレヨンで絵を描いてから絵の具を塗ると、個性豊かな風船に！

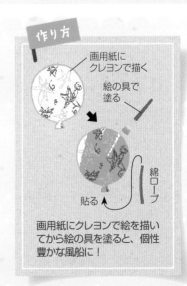

室内飾り

水性ペンでにじみ絵

コーヒーフィルターにじみの小鳥

案・製作●つかさみほ

切り開いたコーヒーフィルターは、羽の形にぴったり！
カラフルな水性ペンのにじみを楽しんで。

材料

コーヒーフィルター、色画用紙、霧吹き、リボン

型紙 P83

作り方

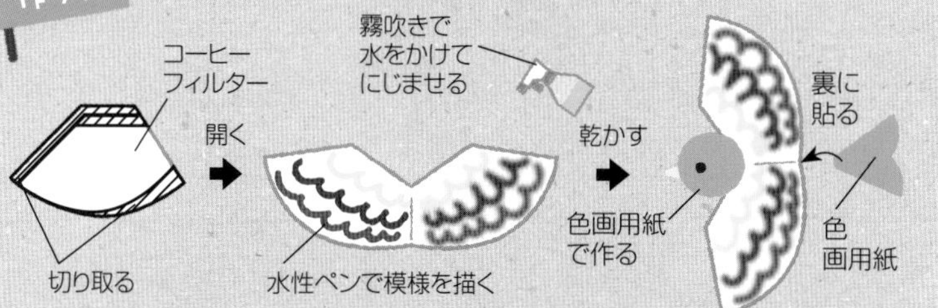

コーヒーフィルター
切り取る
開く
霧吹きで水をかけてにじませる
水性ペンで模様を描く
乾かす
色画用紙で作る
裏に貼る
色画用紙

水性ペンで模様を描いたら、コーヒーフィルターに霧吹きで水をかけて、にじませます。角度を変えてリボンでつるすと、自由に飛んでいるように見えます。

子どもの作品

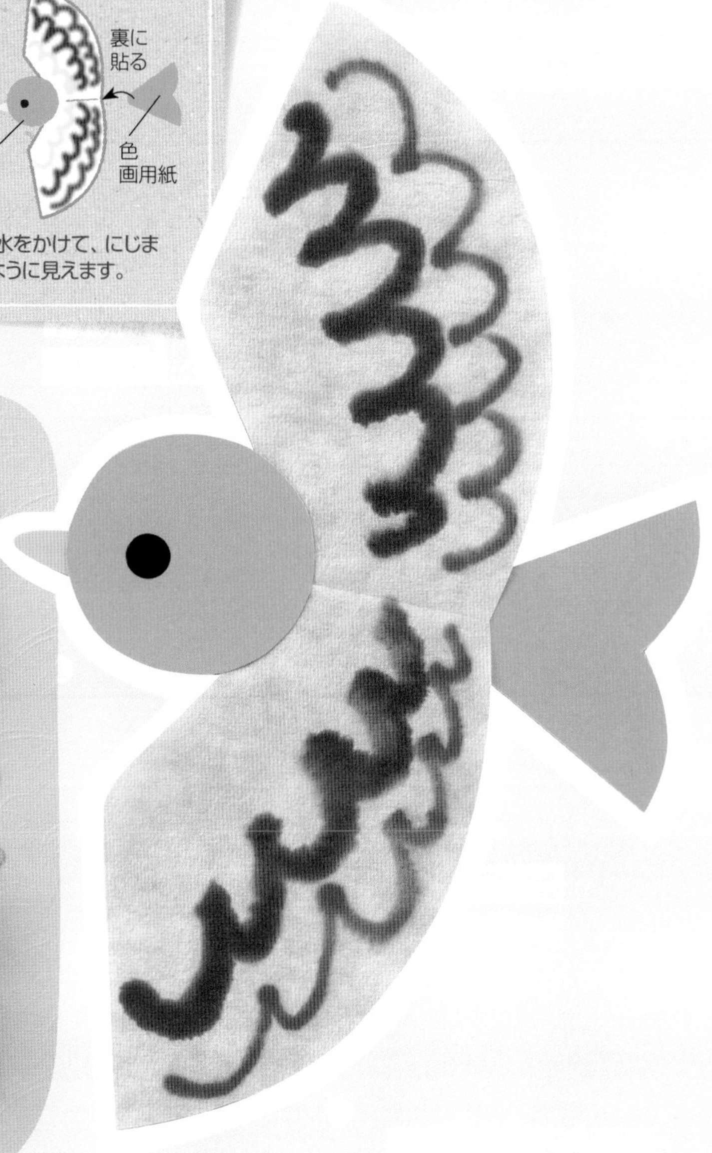

6月

画用紙の輪で作る

みんなでうたおう♪ パクパクお口のかえるさん

案・製作●イシグロフミカ

子どもの作品

みんなで仲よくお歌の合唱。
かえるさんたちの歌声が聞こえてきそうです。

材料

色画用紙、画用紙、キラキラした折り紙、発泡スチロール板（台紙用）

型紙 P84

作り方

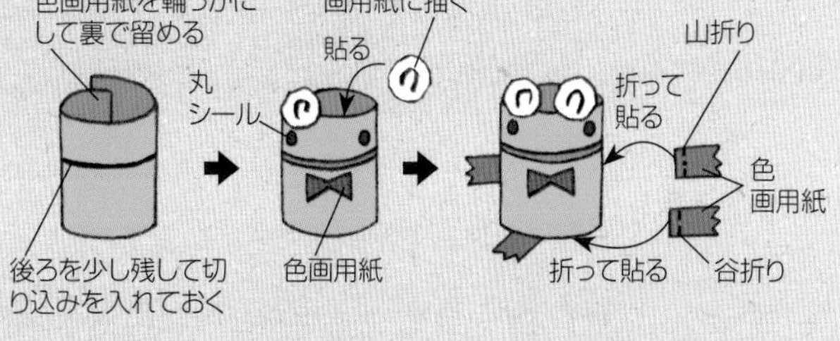
色画用紙を輪っかにして裏で留める
後ろを少し残して切り込みを入れておく
丸シール
画用紙に描く
貼る
色画用紙
折って貼る
山折り
色画用紙
折って貼る
谷折り

色画用紙に切り込みを入れ、輪っかにします。色画用紙や画用紙で作った手足や目を貼れば、口がパクパク動くかえるさんに。

殻の色と違う色のあじさいの近くに貼ると、作品が映えます。

絵の具ではじき絵

指でぐるぐるかたつむり

案・製作●あかまあきこ

クレヨンの上から、指に付けた絵の具で殻の渦を描きます。色の組み合わせに個性が出ます。

材料

色画用紙、モール

型紙 P84

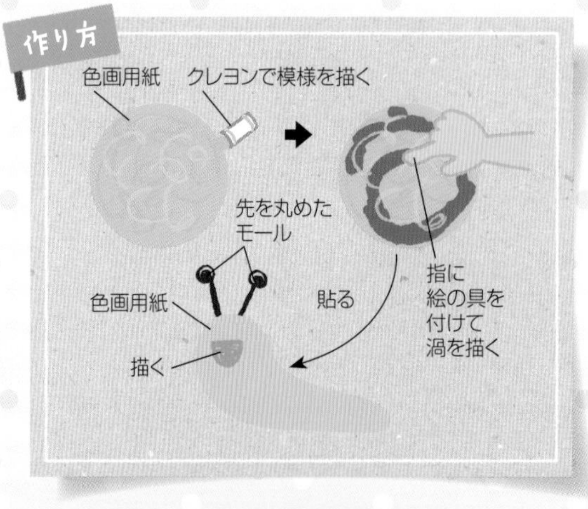
作り方
色画用紙
クレヨンで模様を描く
指に
絵の具を
付けて
渦を描く
先を丸めた
モール
色画用紙
貼る
描く

子どもの作品

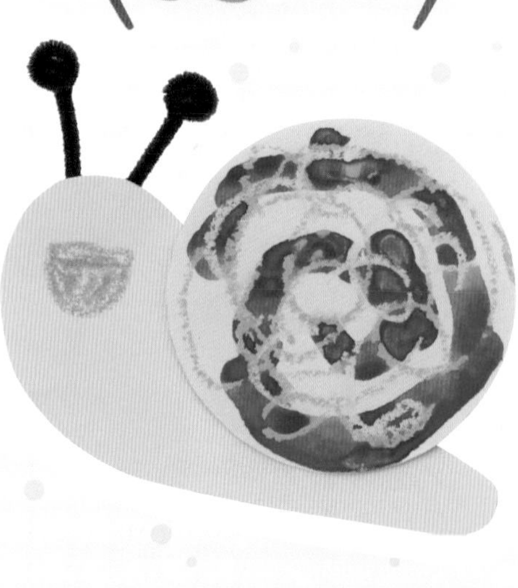

好きな模様を切り貼り

ぼくの・わたしの手作りTシャツ

オリジナルTシャツをお洗濯！
虹も出て、気分も晴れやかです。

子どもの作品

案・製作●とりう みゆき

材料

型紙 P85

色画用紙、画用紙、
柄入り折り紙、折り紙、
キラキラした折り紙、
お花紙、
スズランテープ、ひも、
発泡スチロール板（台紙用）

作り方

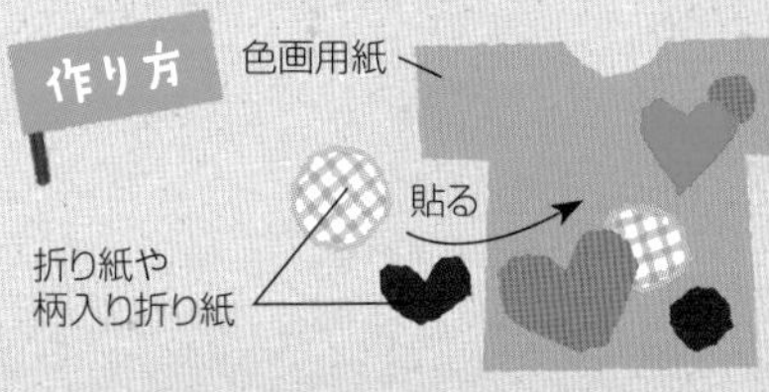

折り紙や柄入り折り紙を自由に切り貼りしたら、
世界に一枚だけのTシャツの完成です。

お花紙でモザイク模様

お花紙のカラフルあじさい見～つけた！

雨の日のお散歩で、うさぎさんたちがきれいに咲いたあじさいを見つけました。

案・製作●町田里美

材料

型紙 P85

色画用紙、画用紙、お花紙、キラキラした折り紙、発泡スチロール板（台紙用）

作り方

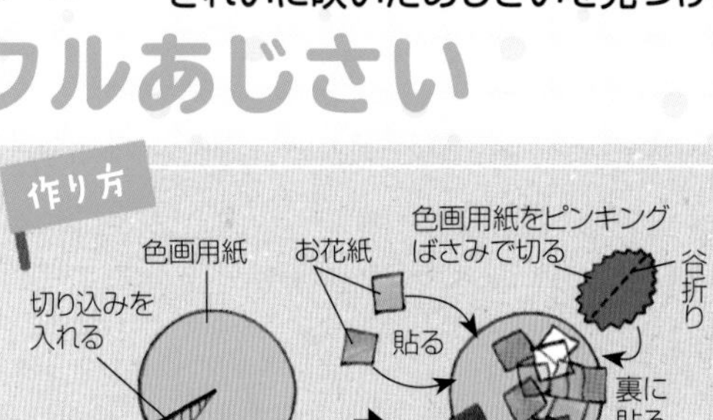
色画用紙
切り込みを入れる
のりしろを貼り合わせる
お花紙
貼る
色画用紙をピンキングばさみで切る
谷折り
裏に貼る

円すい形にした色画用紙に、四角形に切ったお花紙を貼って。複数の色を使うと、色彩豊かなあじさいに！

子どもの作品

室内飾り

ちぎり絵がカラフル

いろいろ折り紙のおしゃれレインコート

案・製作●町田里美

柄入りやキラキラなど、いろいろな種類の折り紙を用意しましょう。どんなレインコートを着てみたいかな？

スズランテープに貼ってつるします。
雨粒も並べて楽しさをプラス！

材料　型紙 P84

色画用紙、
折り紙、柄入り折り紙、
キラキラした折り紙、
スズランテープ、糸

子どもの作品

作り方

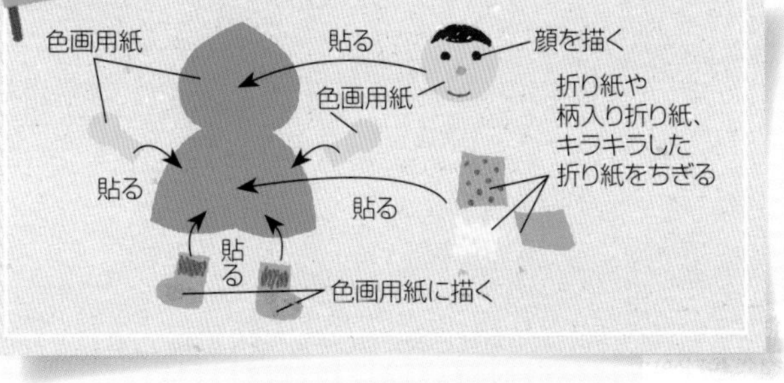
色画用紙
貼る
顔を描く
色画用紙
折り紙や
柄入り折り紙、
キラキラした
折り紙をちぎる
貼る
貼る
貼る
色画用紙に描く

7月

子どもの作品

障子紙を染めて

染め紙 あさがおに おはよう！

案・製作●いとう・なつこ

毎日水やりをしたあさがお。
大きく大きく育ったね。

材料

型紙 P86

障子紙、
色画用紙、画用紙、コピー用紙、
モール、包装紙、
発泡スチロール板（台紙用）

作り方

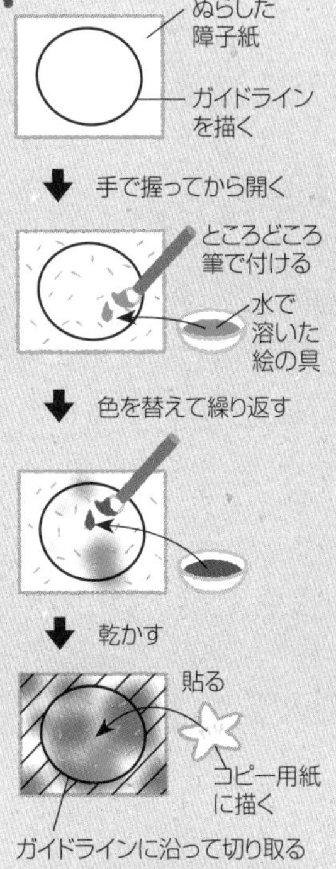
ぬらした障子紙
ガイドラインを描く
手で握ってから開く
ところどころ筆で付ける
水で溶いた絵の具
色を替えて繰り返す
乾かす
貼る
コピー用紙に描く
ガイドラインに沿って切り取る

ぬらした障子紙に絵の具を落として作ります。じんわり広がる様子を楽しみます。

4月
5月
6月
7月
8月
9月
10月
11月
12月
1月
2月
3月

細長くちぎった色画用紙を
海に見立てて貼ります。

子どもの作品

弾ける模様がステキ

シャボン玉水着

案・製作●尾田芳子

淡い模様は弾けた
シャボン玉。
夏の思い出を
まとったような
作品です。

材料

画用紙、色画用紙、シャボン玉液、吹き棒

型紙 P87

作り方

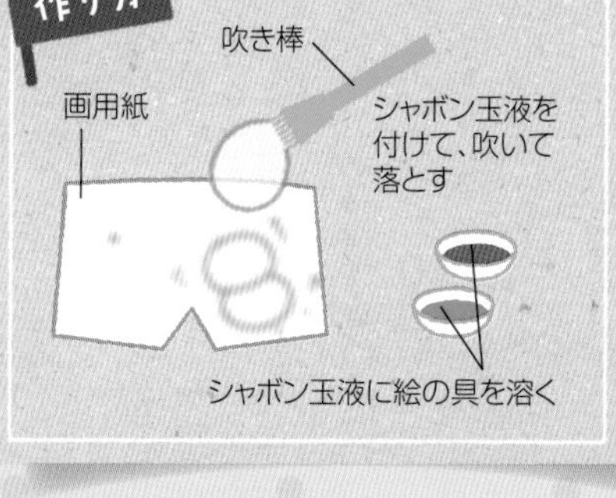
吹き棒
画用紙
シャボン玉液を
付けて、吹いて
落とす
シャボン玉液に絵の具を溶く

子どもの作品

いろんな紙でちぎり貼り

キラリ！　おさかなの合唱隊

案・製作●イシグロフミカ

海の中で、魚たちがキラキラとうろこを光らせて泳ぎます。たこさん指揮者といっしょにうたおう！

材料

色画用紙、折り紙、包装紙、キラキラした折り紙、発泡スチロール板（台紙用）

型紙 P86

作り方

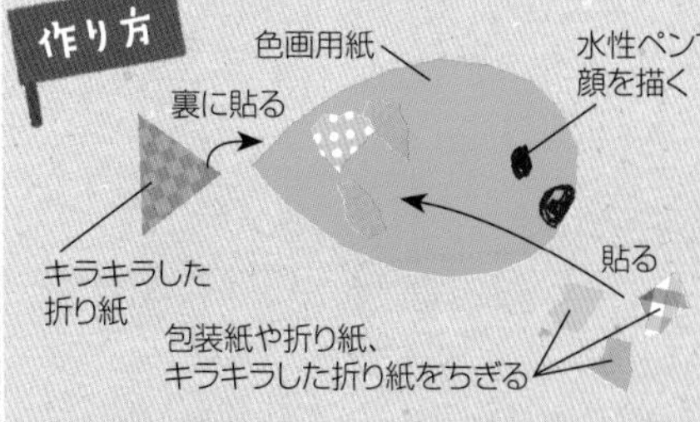
色画用紙
水性ペンで顔を描く
裏に貼る
キラキラした折り紙
貼る
包装紙や折り紙、キラキラした折り紙をちぎる

魚の形は2種類。好きな方を選んで、うろこをきらびやかに飾りつけましょう。

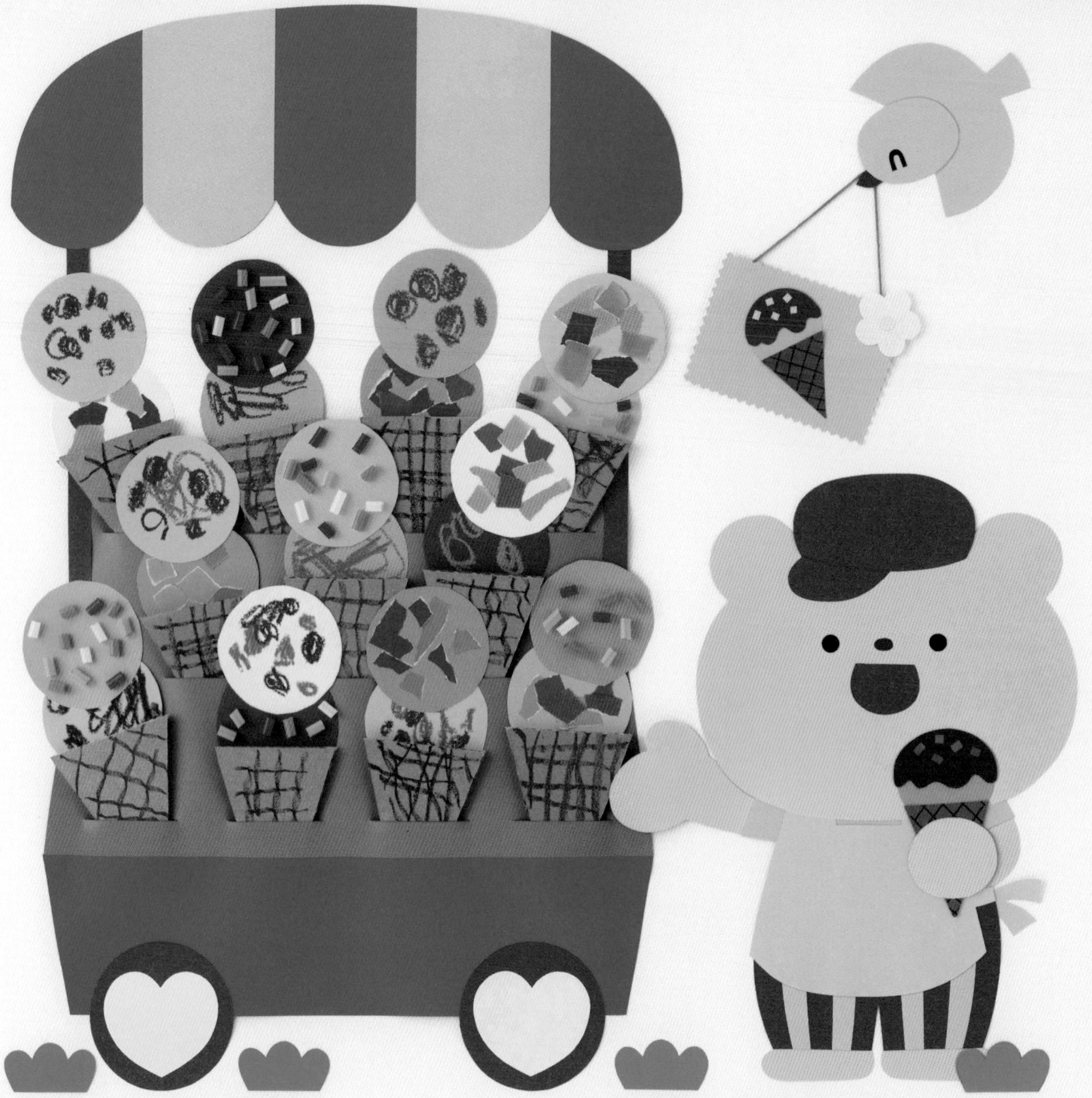

屋台（色画用紙）は裏に養生テープを貼ってから切り込みを入れると、丈夫な作りになります。

子どもの作品

いろんな素材で

たっぷりトッピングのアイスクリームやさん

材料

色画用紙、画用紙、ストロー、折り紙、段ボール板、養生テープ、ひも

型紙 P87

案・製作●町田里美

おいしそうな
アイスクリームが
並びました。
さあ、
いらっしゃいませ。

作り方

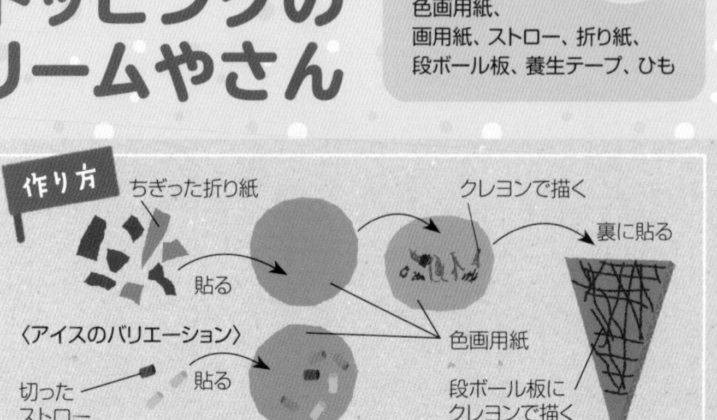
ちぎった折り紙
貼る
クレヨンで描く
裏に貼る
〈アイスのバリエーション〉
色画用紙
切った
ストロー
貼る
段ボール板に
クレヨンで描く

室内飾り

はじき絵で種を表現

立体三角すいか

案・製作●つかさみほ

夏の風物詩のすいかを、立体的に！　絵の具を塗ると、種が浮かび上がります。

端を立ち上げた色画用紙をお盆に見立てて、
中に丸く切った色画用紙の皿を敷きます。

子どもの作品

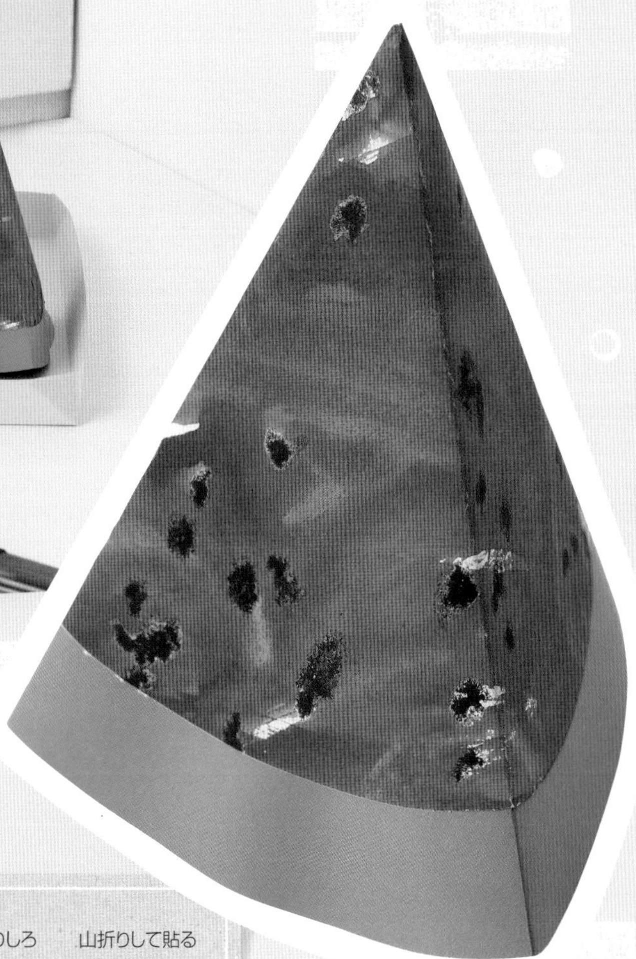

材料

画用紙、色画用紙

型紙 P87

作り方

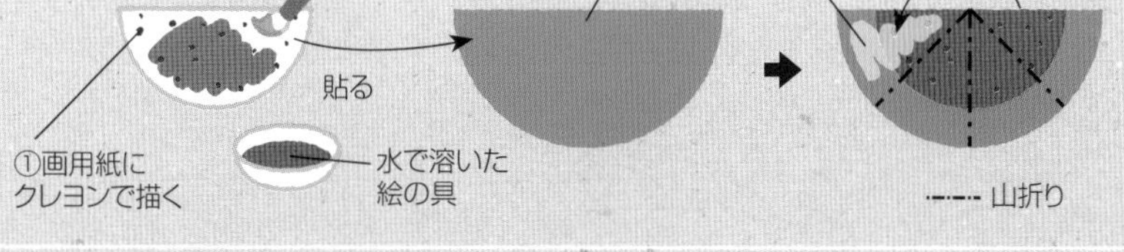
②筆で塗る
①画用紙に
クレヨンで描く
貼る
水で溶いた
絵の具
色画用紙
のりしろ
山折りして貼る
山折り

8月

切り絵＋絵の具

切り紙花火 みんなでたまや～！

案・製作●うえはらかずよ

浴衣を着て花火見物。
輝く花火に大盛り上がり！
浴衣とおそろいの
うちわもポイントです。

子どもの作品

材料

色画用紙
または折り紙、
画用紙、包装紙

型紙
P88

作り方

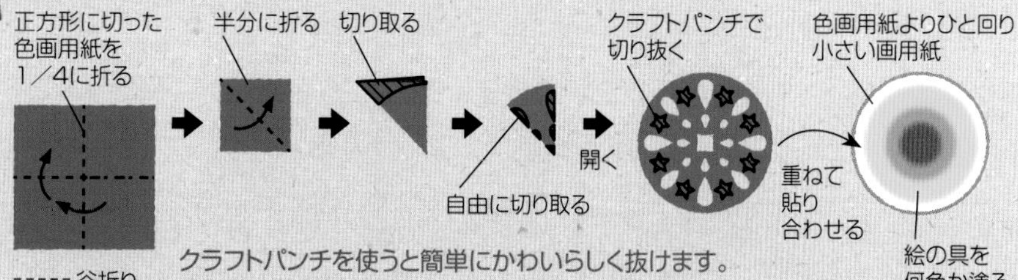
正方形に切った
色画用紙を
1／4に折る
半分に折る
切り取る
自由に切り取る
開く
クラフトパンチで
切り抜く
重ねて
貼り
合わせる
色画用紙よりひと回り
小さい画用紙
絵の具を
何色か塗る
----- 谷折り

クラフトパンチを使うと簡単にかわいらしく抜けます。
また絵の具は何色か自由に組み合わせ、華やかな花火にしましょう。

金魚鉢は、綿ロープで作ります。人数に合わせて大きさを調整しやすいです。

手形とお花紙で作る

手形うろこ＆ひらひらお花紙金魚

子どもの作品

案・製作●あかまあきこ

うろこに見立てた手形と、ふんわり広がるお花紙で、優雅に泳ぐ金魚をイメージ。

材料

色画用紙、画用紙、お花紙、コピー用紙、綿ロープ

型紙 P88

作り方

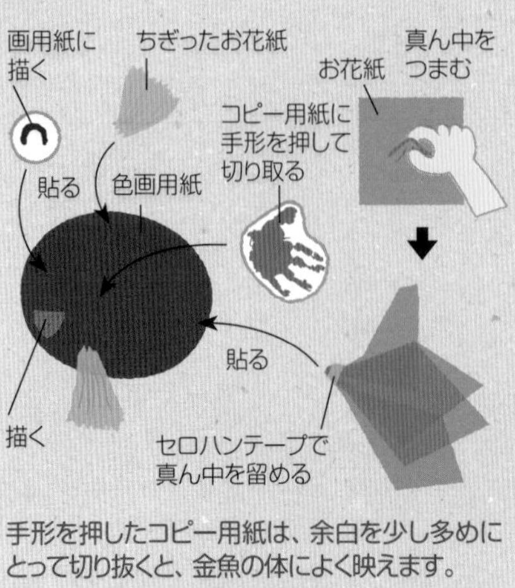

画用紙に描く
ちぎったお花紙
お花紙
真ん中をつまむ
コピー用紙に手形を押して切り取る
貼る
色画用紙
貼る
描く
セロハンテープで真ん中を留める

手形を押したコピー用紙は、余白を少し多めにとって切り抜くと、金魚の体によく映えます。

クラフト紙を筒形にして

大にぎわい！　夏の虫のツリーハウス

案・製作●町田里美

木のおうちに
夏の虫が大集合！
どの虫が好きかな？

材料

色画用紙、画用紙、クラフト紙、丸シール

型紙 P89

作り方

※かぶとむしも、同様に作ります。
※せみは、クラフト紙に模様を描いて、画用紙で作った羽を貼ります。

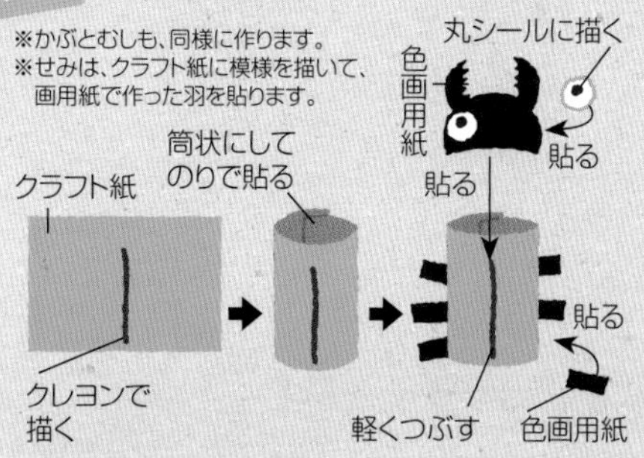

丸シールに描く
色画用紙
貼る
貼る
筒状にして のりで貼る
クラフト紙
貼る
クレヨンで 描く
軽くつぶす
色画用紙

クラフト紙をくるっと丸めて、手で軽くつぶすと、より本物らしい形に。

子どもの作品

子どもの作品

キッチンペーパーで染め紙

なに味がお好き？　染め紙かき氷

案・製作●あかまあきこ

**ひ～んやり冷たい
かき氷を食べて、暑い夏
をクールに乗りきろう！**

材料

色画用紙、
画用紙、キッチンペーパー

型紙
P88

作り方

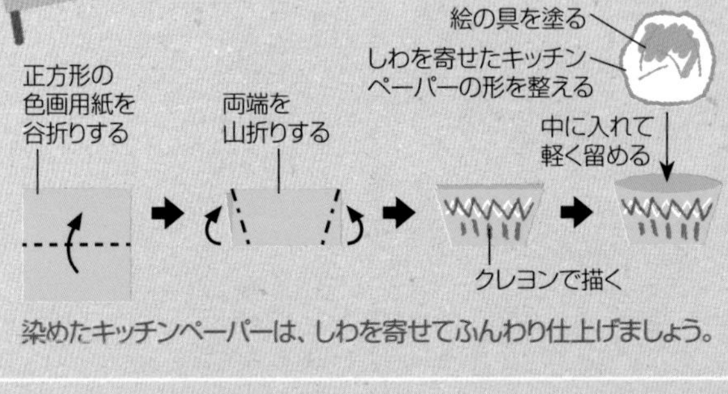

正方形の
色画用紙を
谷折りする
両端を
山折りする
絵の具を塗る
しわを寄せたキッチン
ペーパーの形を整える
中に入れて
軽く留める
クレヨンで描く

染めたキッチンペーパーは、しわを寄せてふんわり仕上げましょう。

室内飾り

丸シールやクレヨン描きで

ぷっくり甲羅のかめさん

案・製作●あかまあきこ

甲羅模様のマス目をどう生かそう？　ひもを付けてお散歩ごっこもできます。

材料

紙筒、折り紙、丸シール、色画用紙

型紙 P89

作り方

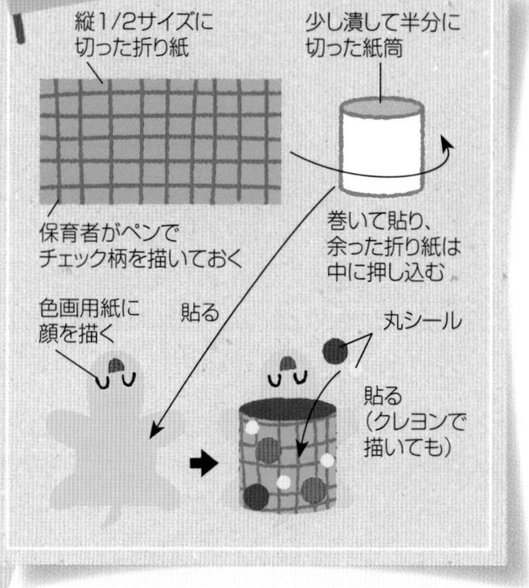
縦1/2サイズに
切った折り紙
少し潰して半分に
切った紙筒
保育者がペンで
チェック柄を描いておく
巻いて貼り、
余った折り紙は
中に押し込む
色画用紙に
顔を描く
貼る
丸シール
貼る
（クレヨンで
描いても）

子どもの作品

9月

ウレタンスポンジでスタンプ

たくさんなってるね！ くるくるスタンプのぶどう

案・製作●いとう・なつこ

たっぷりと実をつけた、食べ頃の
ぶどうをみんなで収穫しています。

材料

色画用紙、画用紙、包装紙、
ウレタンスポンジ、モール、
発泡スチロール板（台紙用）

型紙
P90

作り方

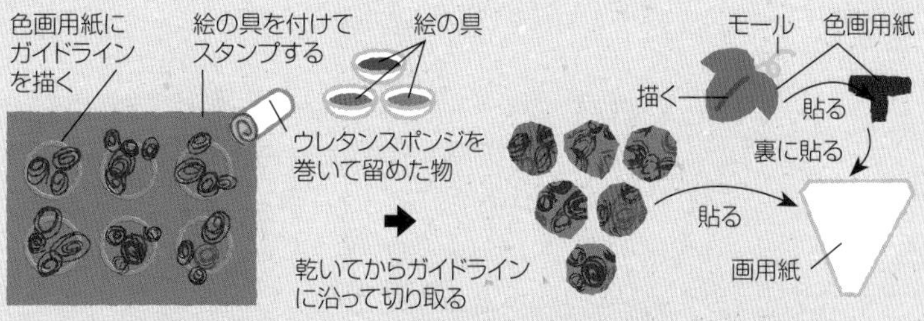
色画用紙に
ガイドライン
を描く
絵の具を付けて
スタンプする
絵の具
ウレタンスポンジを
巻いて留めた物
乾いてからガイドライン
に沿って切り取る
モール
色画用紙
描く
貼る
裏に貼る
貼る
画用紙

緩衝材として使われるウレタンスポンジをくるくる丸めて留めたら、絵の具を付けて
スタンプ。表情豊かな模様がおもしろい！

※色画用紙は何色か使ってもかわいいです。

子どもの作品

クラフト紙にしわを付けて木を作り、ふくろうが
枝に止まっているように仕上げます。

毛糸でフサフサ

カラフルつばさのふくろう

子どもの作品

案・製作●町田里美

ふわふわな毛糸で
羽を表現。
色の組み合わせに
個性が出ます。

材料

型紙 P90

色画用紙、
毛糸、画用紙、
クラフト紙

作り方

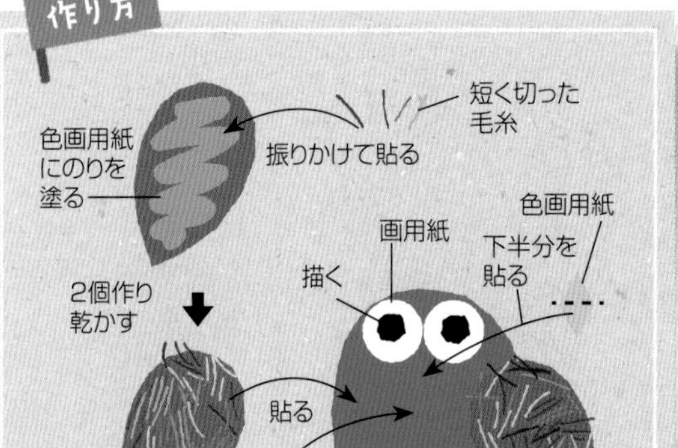

短く切った毛糸
色画用紙にのりを塗る
振りかけて貼る
2個作り乾かす
画用紙
描く
色画用紙
下半分を貼る
貼る
谷折り
色画用紙

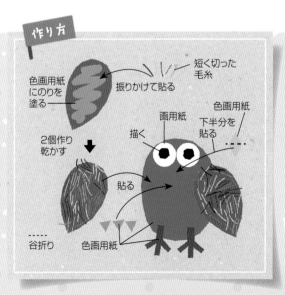

たんぽ＋ちぎり紙

コスモス畑でピクニック

案・製作●たちのけいこ

リュックを背負って
ピクニックへGO!
気分も弾んで
スキップランラン♪

材料

型紙 P91
P91

色画用紙、
障子紙、
たんぽ（ガーゼ、綿、輪ゴムで作る）、
折り紙、
キラキラした折り紙、
包装紙

作り方

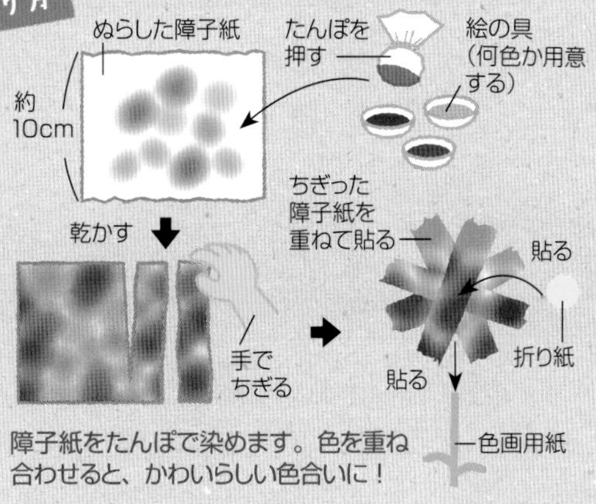

ぬらした障子紙
約10cm
たんぽを押す
絵の具（何色か用意する）
乾かす
手でちぎる
ちぎった障子紙を重ねて貼る
貼る
折り紙
貼る
色画用紙

障子紙をたんぽで染めます。色を重ね合わせると、かわいらしい色合いに！

子どもの作品

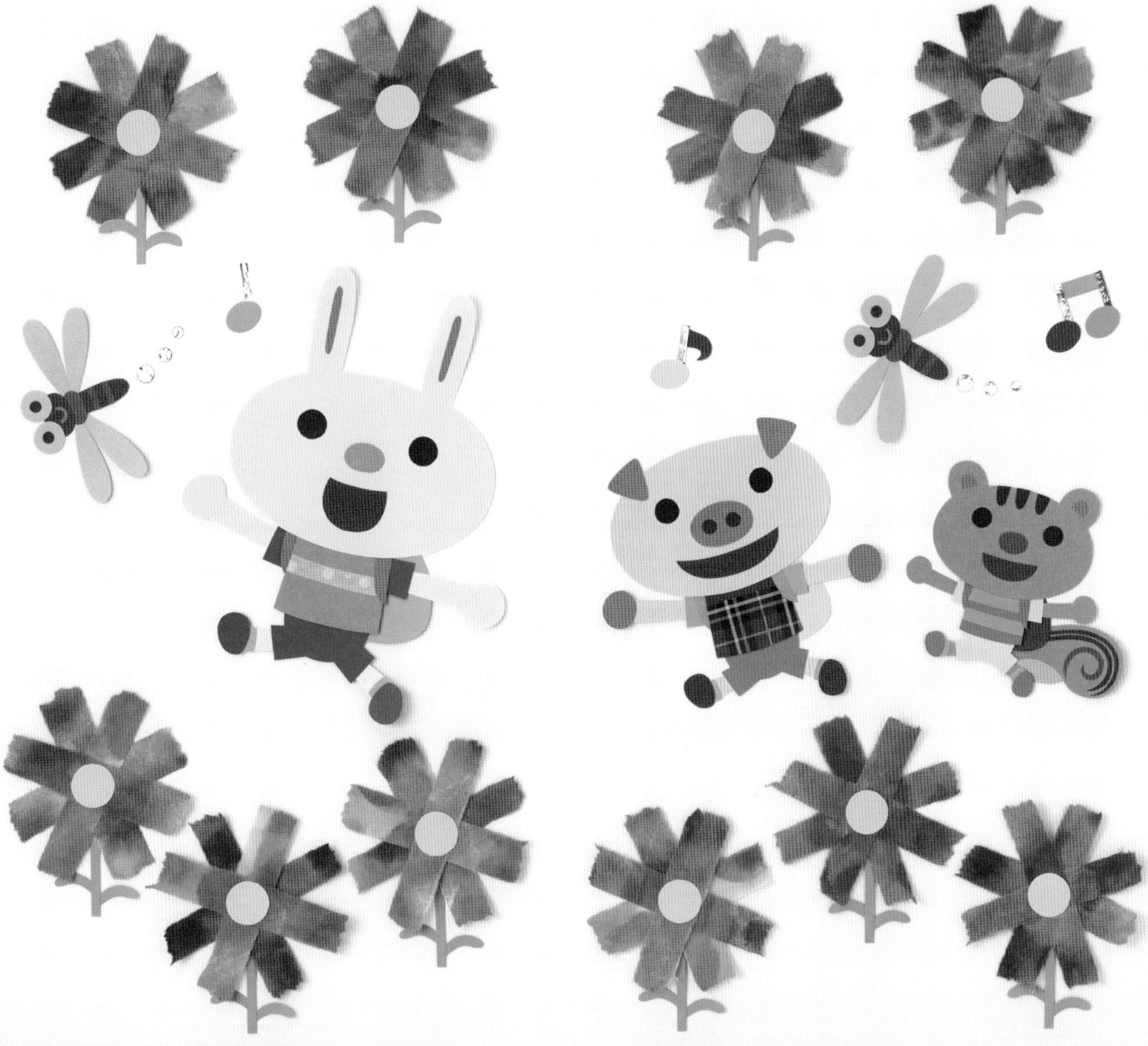

いろんな紙でちぎり絵

にぎやかきのこが大集合！

案・製作●イシグロフミカ

**秋の森に、かわいい
きのこがいっぱいです。**

材料

色画用紙、包装紙、折り紙、
発泡スチロール板（台紙用）

型紙
P91

作り方

きのこは、色画用紙に、包装紙や折り紙をちぎって貼って仕上げます。

子どもの作品

室内飾り

クリアファイルの羽がステキ

いろいろ羽模様のとんぼ

案・製作●つかさみほ

とんぼの羽は、透明感のあるクリアファイルで。
カラフルなとんぼが保育室内を秋色に染めます。

折ったクリアファイルを雲で挟み、さらにとんぼの羽に貼ります。ひもでつるすと、飛んでいる雰囲気が表現できます。

材料　型紙 P90

色画用紙、
画用紙、
クリアファイル、
丸シール、ひも

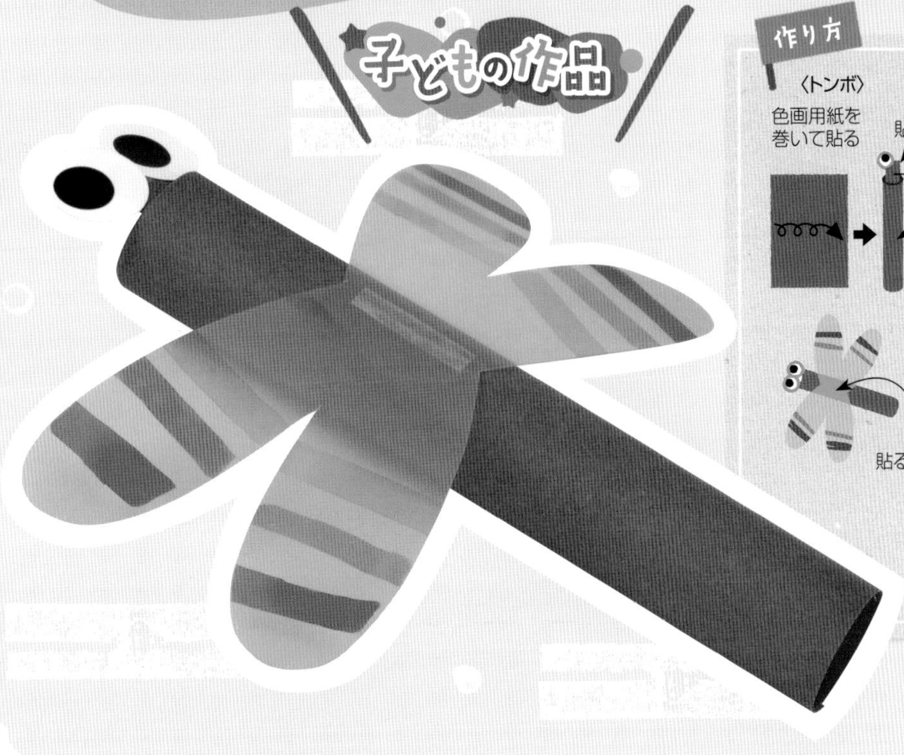

子どもの作品

作り方

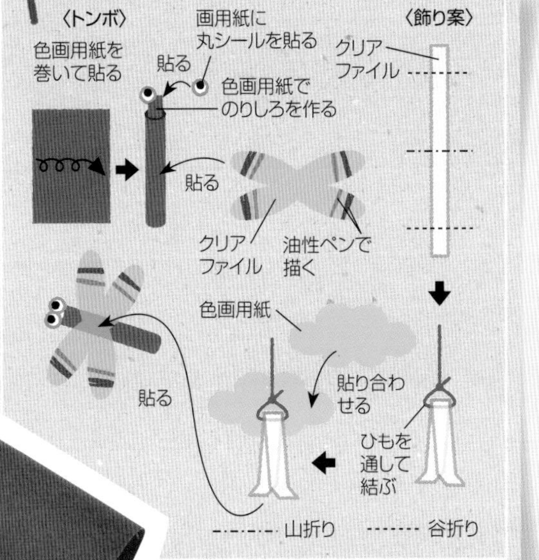

〈トンボ〉
色画用紙を
巻いて貼る
画用紙に
丸シールを貼る
貼る
色画用紙で
のりしろを作る
貼る
クリア
ファイル
油性ペンで
描く
色画用紙
貼る
貼り合わせる
〈飾り案〉
クリア
ファイル
ひもを
通して
結ぶ
山折り
谷折り

10月

カラーセロハンをねじって

カラーセロハンのキャンディーで トリック オア トリート！

案・製作●うえはらかずよ

子どもの作品

ハロウィンの夜に、魔女やおばけが
やって来た！　本物そっくりの
キャンディーで気分が盛り上がります！

材料

色画用紙、画用紙、カラーセロハン、
ティッシュペーパー、
キラキラした折り紙、丸シール

型紙
P92

作り方

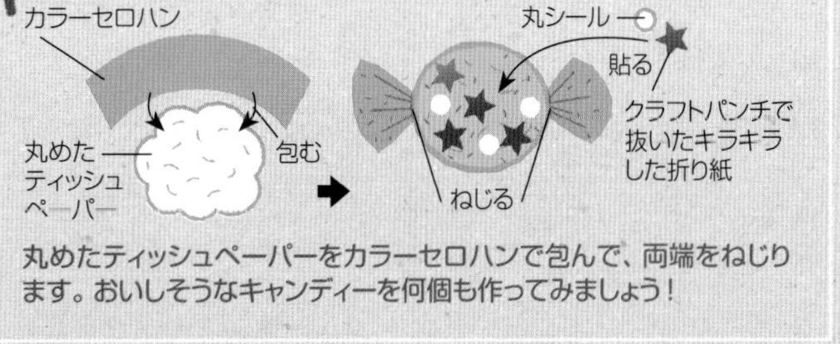
カラーセロハン
丸めたティッシュペーパー
包む
丸シール
貼る
クラフトパンチで抜いたキラキラした折り紙
ねじる

丸めたティッシュペーパーをカラーセロハンで包んで、両端をねじります。おいしそうなキャンディーを何個も作ってみましょう！

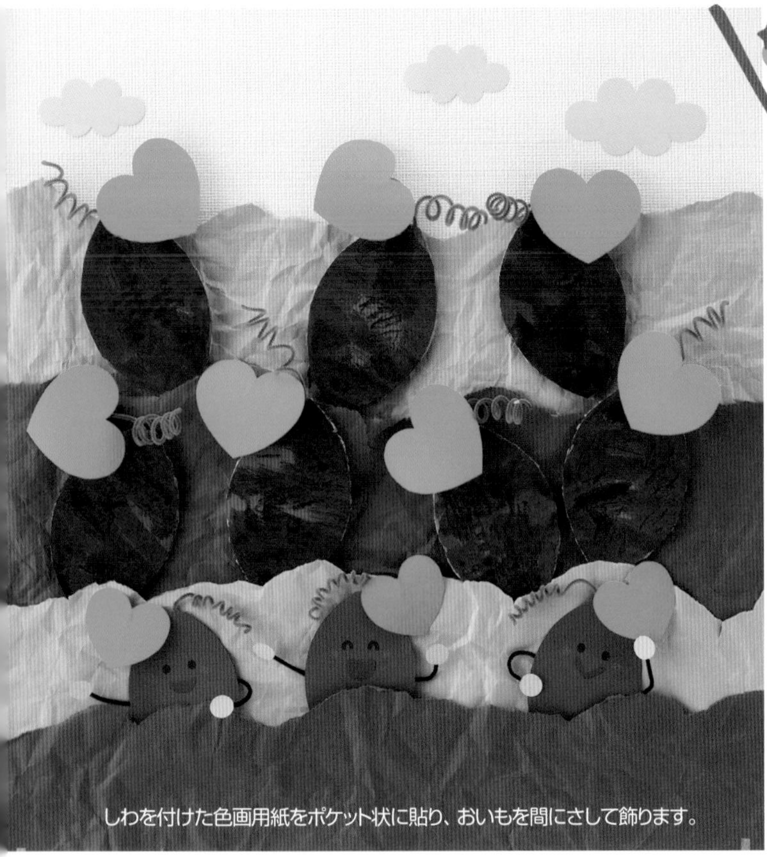

しわを付けた色画用紙をポケット状に貼り、おいもを間にさして飾ります。

子どもの作品

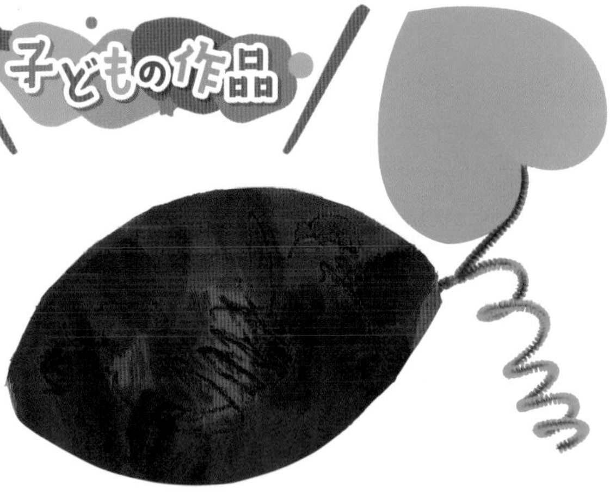

スポンジを染みこませて
ぐるぐる塗りのおいも

案・製作●つかさみほ

**段ボール板をスポンジでぐるぐる！
つるのモールに巻くことにも挑戦。**

材料

段ボール板、スポンジ、色画用紙、モール、鉛筆など

型紙 P92

作り方

絵の具
段ボール板
スポンジでぐるぐる塗る
乾かす
クレヨンで描く
鉛筆などにモールを巻く
色画用紙にモールを貼る
段ボール板の隙間にさす

ねじねじ麻ひもでスタンプ

おしゃれ帽子の どんぐりさん

案・製作●さとうゆか

森をお散歩中に見つけた
大きな木には、
すてきな帽子をつけた
どんぐりが大集合！

子どもの作品

作り方

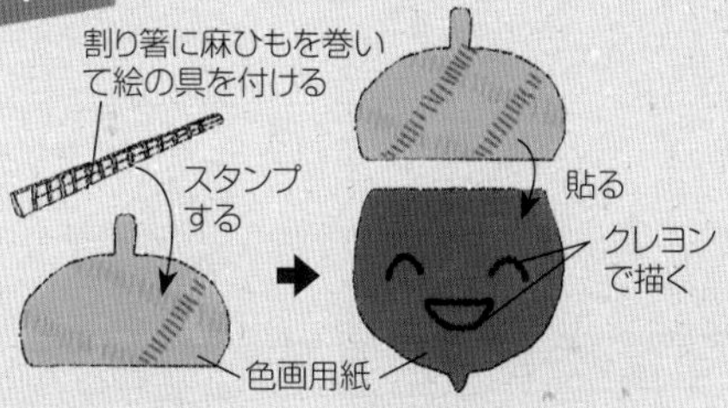

割り箸に麻ひもを巻いて絵の具を付ける
スタンプする
貼る
クレヨンで描く
色画用紙

どんぐりの帽子は、麻ひもを巻いた割り箸に絵の具を付けてスタンプ。いろいろな方向に押したり色を変えたりすると、個性的な模様に。

材料

型紙 P93

色画用紙、
画用紙、割り箸、
麻ひも、
発泡スチロール板（台紙用）

子どもの作品

染め紙があざやか

行っくよ～！ コロコロ染め紙まつぼっくり

案・製作●たちのけいこ

りすさんが、収穫したまつぼっくりを転がします。コロコロコロ……キャッチ！

材料

型紙 P93

障子紙、霧吹き、色画用紙、折り紙、包装紙、段ボール板

作り方

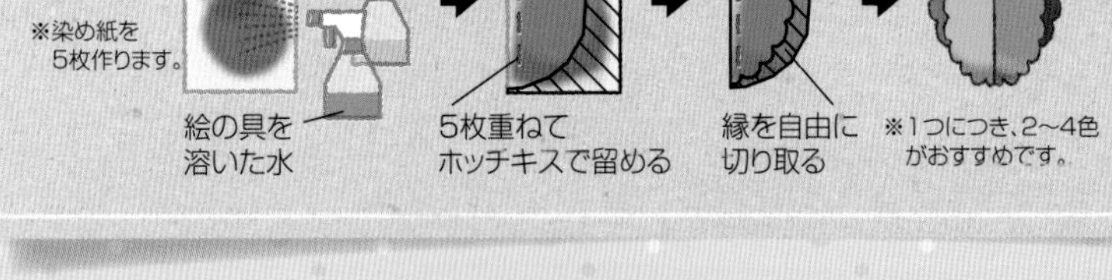

障子紙
※染め紙を5枚作ります。
霧吹きする
絵の具を溶いた水
切り取る
5枚重ねてホッチキスで留める
縁を自由に切り取る
1枚ずつ開く
※1つにつき、2～4色がおすすめです。

黄色、オレンジ、緑、茶色、ピンク、紫など、様々な色のバリエーションを楽しみましょう。

室内飾り

ぐるぐる描き+ちぎり貼り

リバーシブルのペロペロキャンディー

案・製作●町田里美

2種類の技法で作るペロペロキャンディー♪
ストローにリボンを付けて完成です。

子どもの作品

おしゃれなガーランドにして飾ります。
ハートとお花がアクセントに！

材料

段ボール板、
折り紙、ストロー、リボン

型紙
P93

作り方

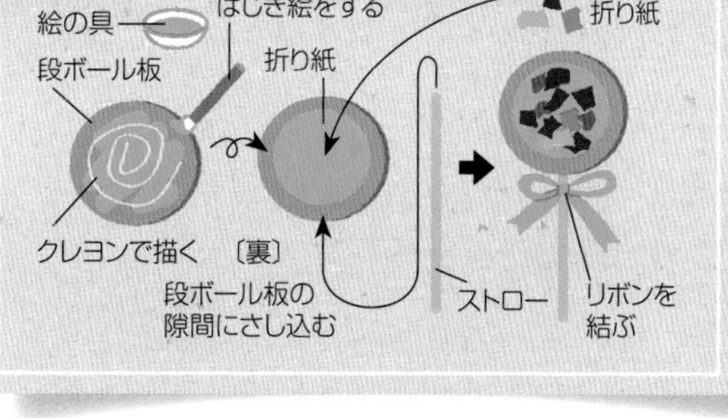
絵の具
絵の具で
はじき絵をする
段ボール板
クレヨンで描く
折り紙
〔裏〕
貼る
ちぎった
折り紙
段ボール板の
隙間にさし込む
ストロー
リボンを
結ぶ

11月

ちぎり貼りでカラフル

コーヒーフィルターのふっくらみのむし

案・製作●いとう・なつこ

鮮やかな“みの”をまとって
仲よく揺れるみのむしさん。
その姿にほっこり。

子どもの作品

材料

型紙 P94

色画用紙、
コーヒーフィルター、
ティッシュペーパー、折り紙、
柄入り折り紙、包装紙、モール、
画用紙、発泡スチロール板（台紙用）

作り方

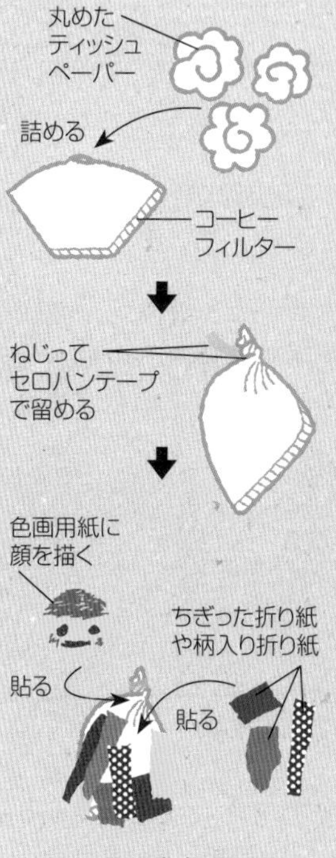
丸めた
ティッシュ
ペーパー
詰める
コーヒー
フィルター
ねじって
セロハンテープ
で留める
色画用紙に
顔を描く
ちぎった折り紙
や柄入り折り紙
貼る
貼る

コーヒーフィルターにティッシュペーパーを詰めて、立体感のあるみのむしに！

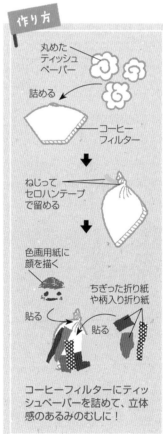

毛糸とモールで

のりのり♪　はりねずみ

カラフルな体がかわいい
はりねずみさん！
楽しそうに
お散歩しているみたい。

案・製作●町田里美

材料

毛糸、モール、色画用紙、丸シール、柄入り折り紙、リボン

型紙 P94

作り方

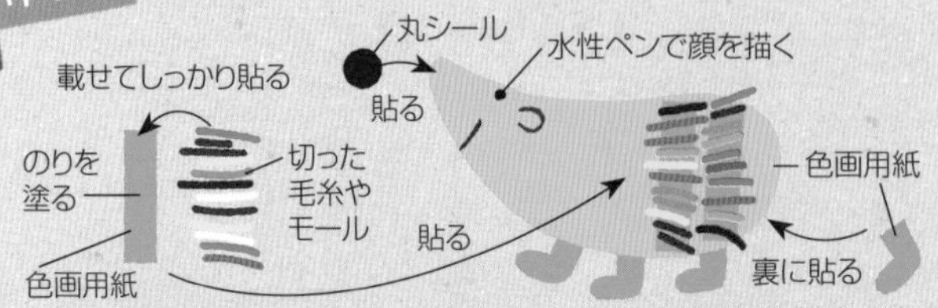
丸シール
水性ペンで顔を描く
載せてしっかり貼る
貼る
のりを塗る
切った毛糸やモール
色画用紙
貼る
色画用紙
裏に貼る
色画用紙

帯状の色画用紙にのりを塗り、切った毛糸とモールでドレスアップ！
山盛り載せるのがポイントです。

子どもの作品

染めた障子紙で

秋色紅葉ハウスへようこそ

案・製作●たちのけいこ

紅葉した葉が壁面を彩ります。動物たちも楽しく遊んでいるね。

材料

型紙 P95

色画用紙、
折り紙、柄入り折り紙、
千代紙、障子紙、
発泡スチロール板（台紙用）

作り方

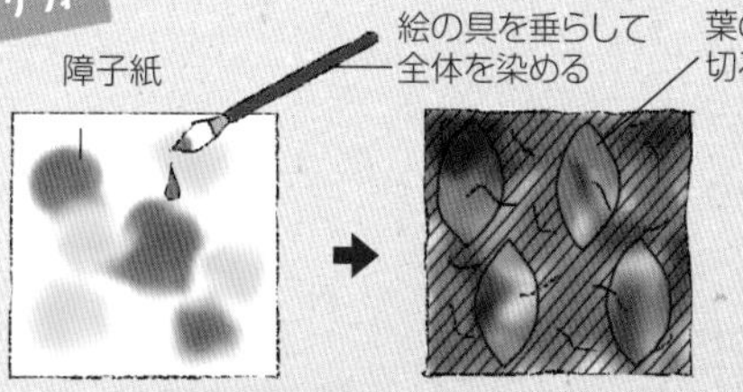

障子紙
絵の具を垂らして
全体を染める
葉の形に
切る
丸めて乾かしてから開く

障子紙に絵の具を垂らして染め、くしゃっと丸めて乾かします。開いて切れば、きれいに紅葉した葉のできあがり。

子どもの作品

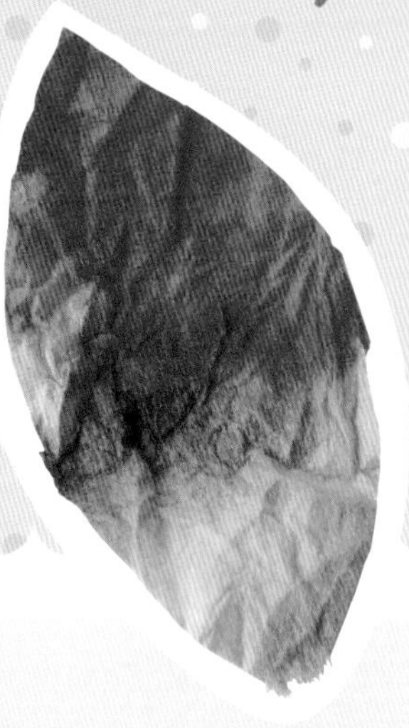

4月
5月
6月
7月
8月
9月
10月
11月
12月
1月
2月
3月

絵の具のいろいろな技法で

ぼく・わたしの木

木をイメージして並べた葉っぱの上に枝を置けば、オリジナルの木の完成！　色鮮やかな葉っぱは、さまざまな技法で作り、個性ある作品に。

案・製作●アトリエ自遊楽校 渡辺リカ

材料

画用紙、小枝、木工用接着剤

作り方

いろいろな技法で

スパッタリングやこすり出し、はじき絵など、絵の具を使ったいろいろな技法で葉っぱの紙をたくさん作ります。

➡

切る

絵の具が乾いたら、丸く切り取って、葉っぱにします。

➡

葉っぱを貼る

台紙となる画用紙に、自分の木をイメージして、葉っぱを貼っていきます。

➡

小枝を貼る

小枝を木工用接着剤で貼ることで、1本の木が完成！

室内飾り

折り紙をくるんと貼って
紙筒のきつね

案・製作●つかさみほ

紙筒に折り紙を巻けば、
キュートなきつねに変身！

2本つなげたラップフィルムの芯を、クラフト紙で包んで枝に。
きつねさんたちが揺れながら、おしゃべりしているみたい！

子どもの作品

材料

紙筒、折り紙、色画用紙、丸シール

型紙 P94

作り方

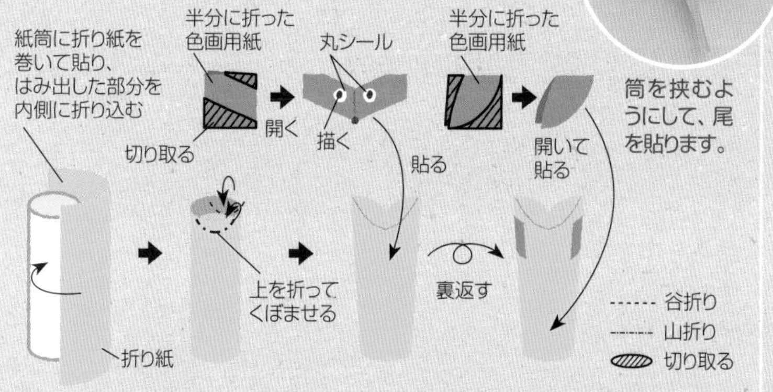
紙筒に折り紙を巻いて貼り、はみ出した部分を内側に折り込む
折り紙
半分に折った色画用紙
切り取る
開く
上を折ってくぼませる
丸シール
描く
貼る
裏返す
半分に折った色画用紙
開いて貼る
谷折り
山折り
切り取る

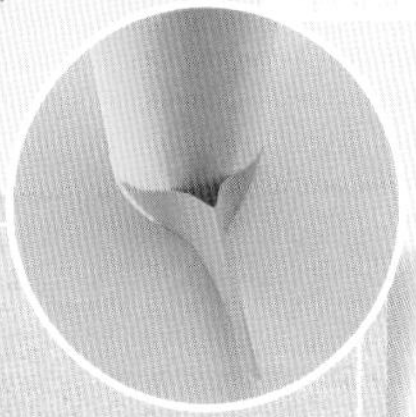

筒を挟むようにして、尾を貼ります。

12月

毛糸を巻き付けて

夜空をかける サンタさんと仲間たち

案・製作●うえはらかずよ

子どもの作品

夜空に浮かぶたくさんの星が、
輝きながら道しるべになってくれています。

材料

色画用紙、画用紙、梱包用のひも、
毛糸、スパンコール、リボン

型紙
P96

作り方

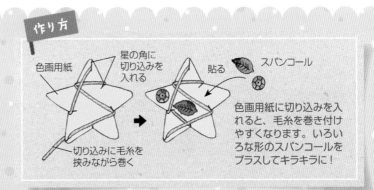

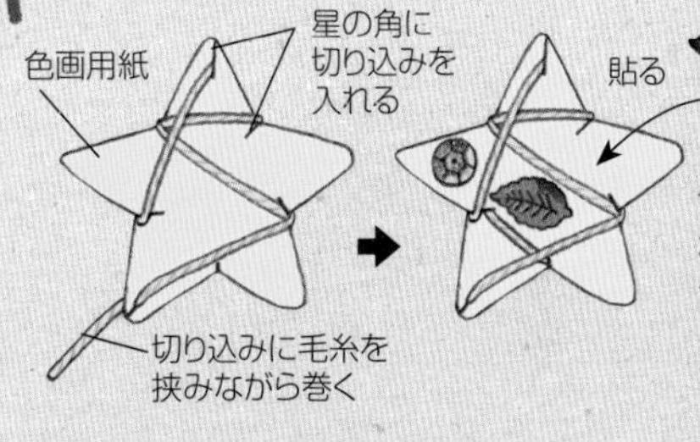
色画用紙
星の角に
切り込みを
入れる
切り込みに毛糸を
挟みながら巻く
貼る
スパンコール

色画用紙に切り込みを入れると、毛糸を巻き付けやすくなります。いろいろな形のスパンコールをプラスしてキラキラに！

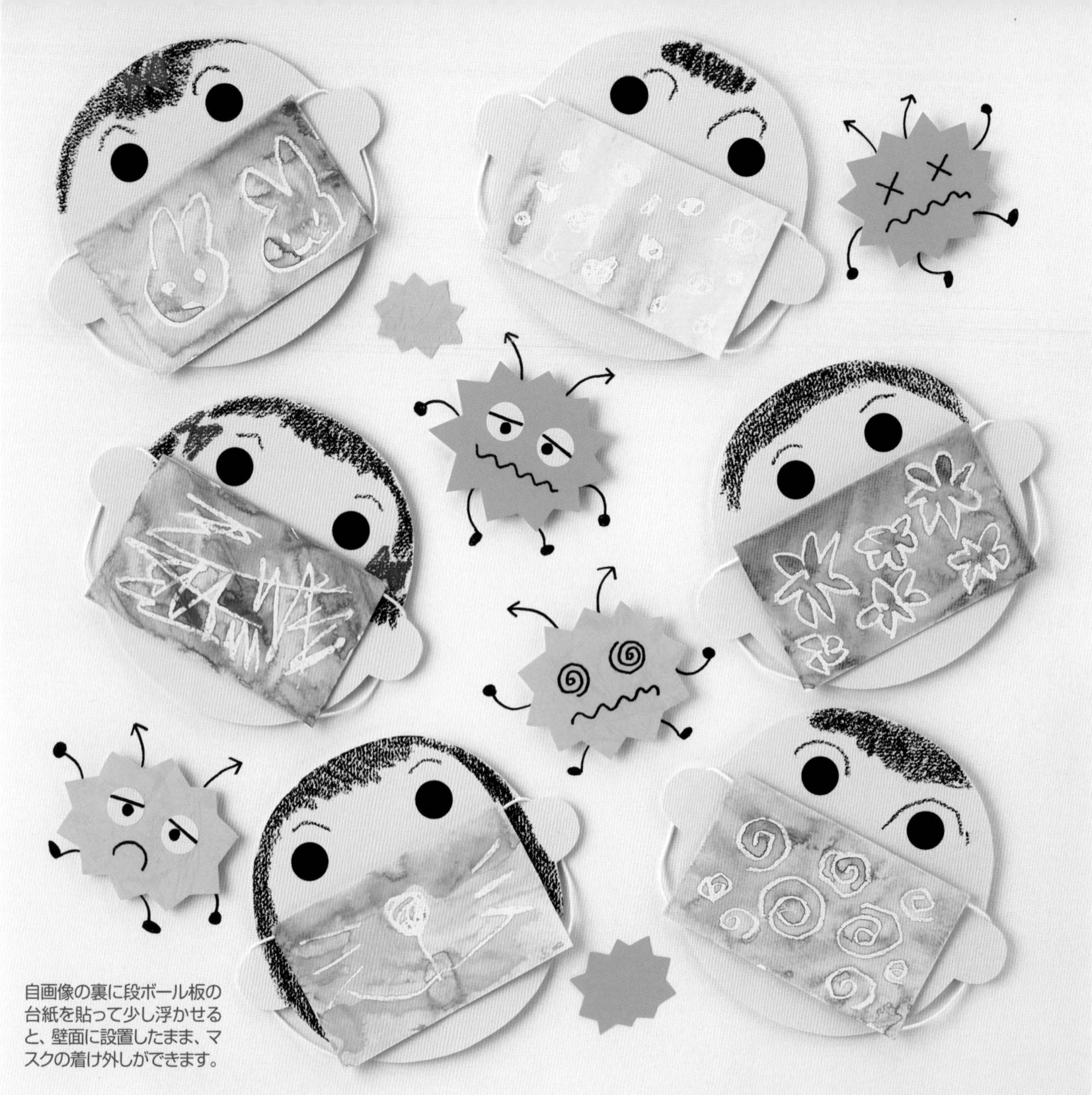

自画像の裏に段ボール板の台紙を貼って少し浮かせると、壁面に設置したまま、マスクの着け外しができます。

はじき絵で作る

オリジナルマイマスク

自画像にオリジナルのマスクを掛けて。
ウイルスを吹き飛ばそう！

案・製作●尾田芳子

材料

型紙 P96

画用紙、
色画用紙、
丸ゴム、丸シール

作り方

水で溶いた絵の具
②筆で塗る
画用紙
乾かす
①白いクレヨンで自由に描く
丸ゴムを貼る
耳に掛ける
丸シール
色画用紙に髪の毛と眉毛を描く
色画用紙

子どもの作品

マスクをとると、
可愛い自画像が！

いろいろ素材で

あったか手作りおでんはいかが？

冬といえば、あったかおでん。子どもたちの好きな具材を立体的に表現します。

案・製作●尾田芳子

材料

型紙 P95

色画用紙、軽量紙粘土、お花紙、段ボール板、紙筒、折り紙、毛糸、茶封筒、ティッシュペーパー、コピー用紙、モール、発泡スチロール板（台紙用）

作り方

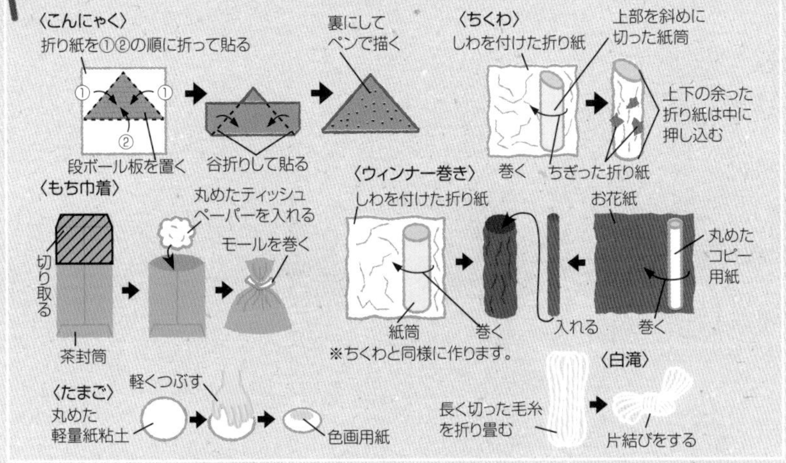

〈こんにゃく〉
折り紙を①②の順に折って貼る
①
①
②
段ボール板を置く
谷折りして貼る
裏にして
ペンで描く
〈ちくわ〉
しわを付けた折り紙
上部を斜めに
切った紙筒
上下の余った
折り紙は中に
押し込む
巻く
ちぎった折り紙
〈もち巾着〉
切り取る
茶封筒
丸めたティッシュ
ペーパーを入れる
モールを巻く
〈ウィンナー巻き〉
しわを付けた折り紙
紙筒
巻く
※ちくわと同様に作ります。
お花紙
丸めた
コピー
用紙
巻く
入れる
〈たまご〉
丸めた
軽量紙粘土
軽くつぶす
色画用紙
〈白滝〉
長く切った毛糸
を折り畳む
片結びをする

子どもの作品

おでん

25日の星を裏返すと、
サンタさんが
出てきます。

クリスマスまでわくわくカウントダウン
みんなのアドベントカレンダー

**日付の入ったプレゼントボックスを裏返すと、
みんなの欲しいものが登場します。**

案・製作●＊すまいるママ＊

材料　型紙 P97

色画用紙、画用紙、
キラキラした折り紙、
片段ボール、ひも、プッシュピン、
発泡スチロール板（台紙用）

バリエーション

数字の型を用意して、子どもたちがステンシルをします。

作り方

プレゼントボックスに、それぞれ好きな絵を描きます。

子どもの作品

室内飾り

欲しい物を自由に描こう

オリジナル包装のプレゼントボックス

案・製作●すぎやままさこ

子どもたちの欲しい物はなにかな? 絵を描いて閉じたら、リボンも貼ってわくわくプレゼントボックスに。

材料

色画用紙、リボン

型紙 P97

作り方

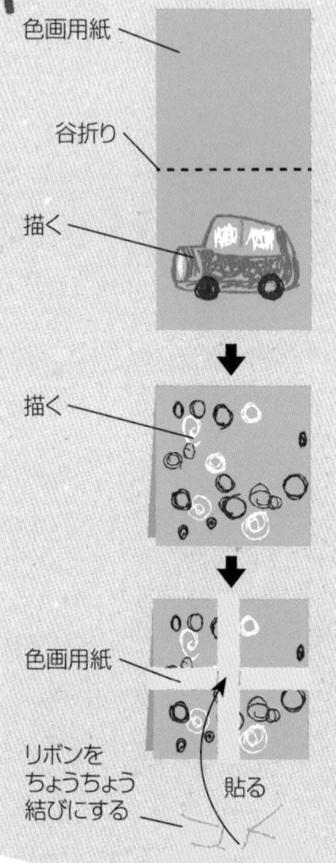
色画用紙
谷折り
描く
描く
色画用紙
リボンをちょうちょう結びにする
貼る

子どもの作品

開くと…

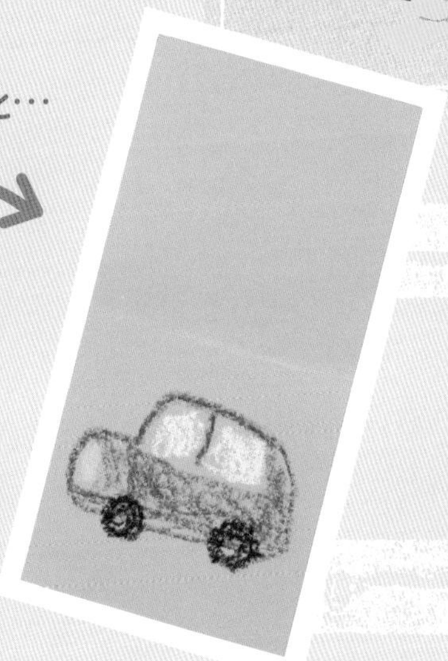

1月

クラフト紙をねじって

しめ縄で新しい年をお祝い！

案・製作●尾田芳子

たくさんのしめ縄がお出迎え！

材料

色画用紙、画用紙、クラフト紙、千代紙、金色の折り紙、お花紙、発泡スチロール板（台紙用）

型紙
P98

作り方

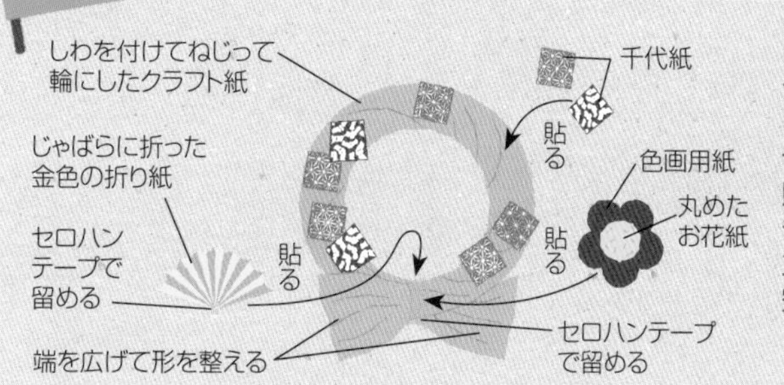
しわを付けてねじって輪にしたクラフト紙
千代紙
貼る
じゃばらに折った金色の折り紙
色画用紙
丸めたお花紙
貼る
セロハンテープで留める
貼る
セロハンテープで留める
端を広げて形を整える

しわを付けたクラフト紙を輪にして留めます。切った千代紙を貼り、扇とつばきを重ねたら、立派なしめ縄の完成！

子どもの作品

壁に貼ったひし形の飾りは、野菜スタンプの絵の具の色から選ぶと、華やかでまとまって見えます。

子どもの作品

色もあざやか！　野菜スタンプ

野菜スタンプのコラージュ羽子板

色とりどりに押した野菜スタンプを切り取って、羽子板にコラージュ！

案・製作●尾田芳子

材料

野菜、画用紙、千代紙、折り紙、段ボール板

型紙 P98

作り方

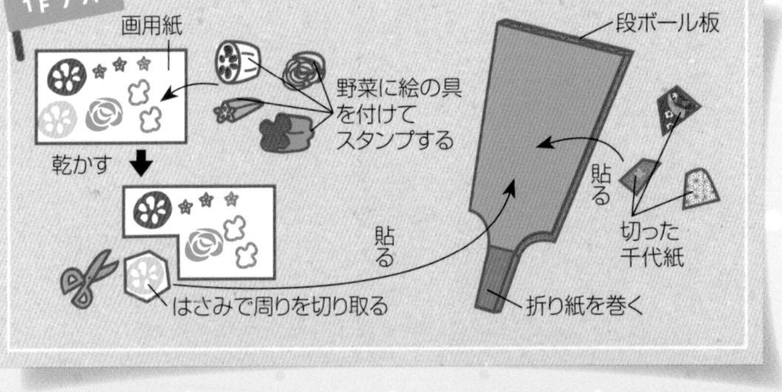
画用紙
野菜に絵の具を付けてスタンプする
乾かす
はさみで周りを切り取る
貼る
段ボール板
貼る
切った千代紙
折り紙を巻く

指スタンプ+指絵の具

指描き模様のころころだるま

案・製作●うえはらかずよ

**右に左にゆらゆら揺れて、
だるまさんたちが
遊んでいるみたい！**

材料

色画用紙、
画用紙、丸シール

型紙 P99

作り方

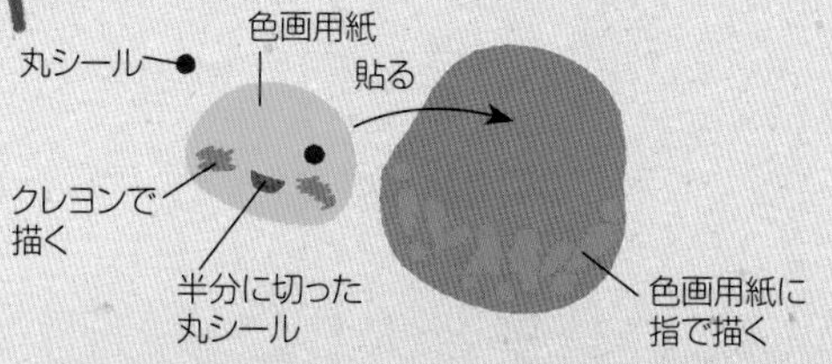
丸シール
色画用紙
貼る
クレヨンで
描く
半分に切った
丸シール
色画用紙に
指で描く

だるま形の色画用紙に自由に指スタンプ！ 指の腹を使って絵の具を伸ばしても、おもしろい模様に。

子どもの作品

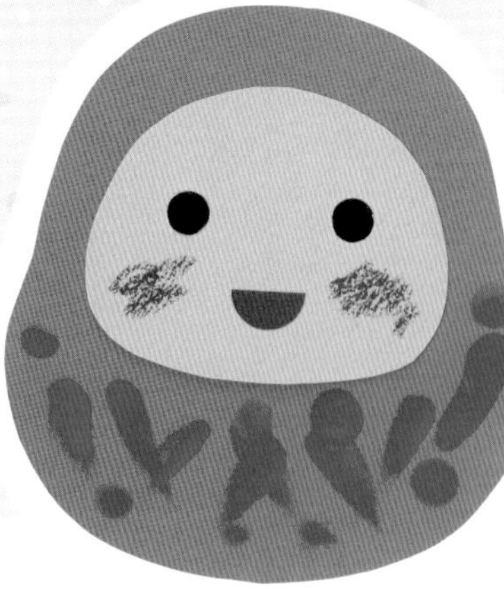

子どもの作品

縄スタンプで和テイストに

輪模様のにぎやか獅子舞さん

みんなが作った獅子舞さんが大集合！
いっしょに舞って、今年の幸せを祈ろう。

案・製作●さとうゆか

材料

色画用紙、
画用紙、和紙、縄、
段ボール板、
発泡スチロール板（台紙用）

型紙 P99

作り方

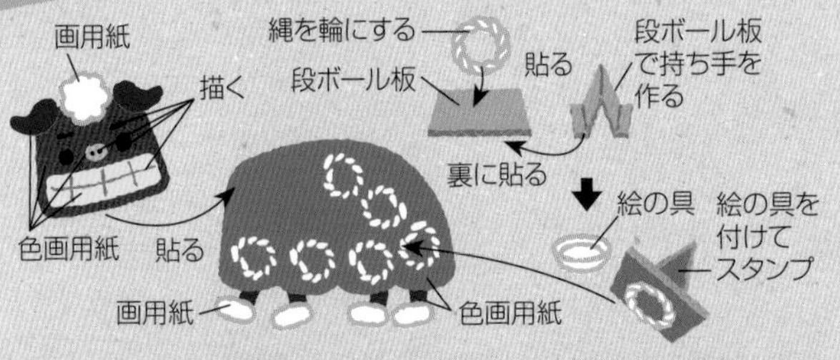
画用紙
描く
色画用紙
貼る
縄を輪にする
段ボール板
貼る
段ボール板で持ち手を作る
裏に貼る
絵の具
絵の具を付けてスタンプ
画用紙
色画用紙

縄の跡が獅子舞の模様にぴったり。顔はクレヨンで描いて、個性豊かに。

室内飾り

模様を描いてカラフルに！

ペッタンのび～る餅つきセット

案・製作●あかまあきこ

本物のお餅つきのように楽しめるきねと臼を作ります。

材料

ペットボトル（280mL）、色画用紙、カラー工作用紙、割り箸、カラーポリ袋

型紙 P98

作り方

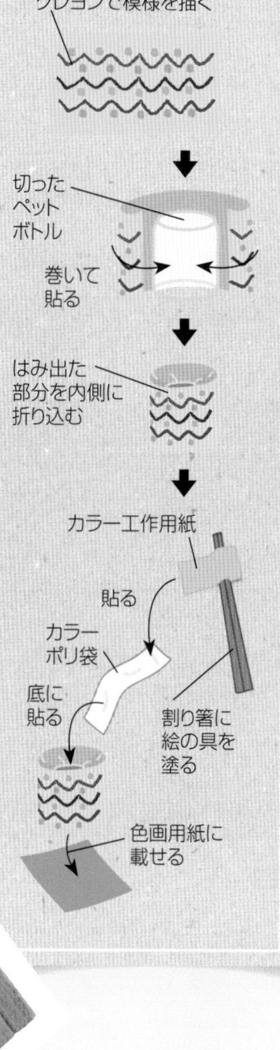

色画用紙にクレヨンで模様を描く
切ったペットボトル
巻いて貼る
はみ出た部分を内側に折り込む
カラー工作用紙
貼る
カラーポリ袋
底に貼る
割り箸に絵の具を塗る
色画用紙に載せる

子どもの作品

2月

切り紙がキラキラ

ふわふわ降ってきた！
見て見て、雪の結晶

案・製作●さとうゆか

子どもの作品

雪が降ってきて、大喜びのお友達！
いろいろな模様の結晶がきれいだね。

材料

色画用紙、キラキラした折り紙、綿、発泡スチロール板（台紙用）

型紙
P100

作り方

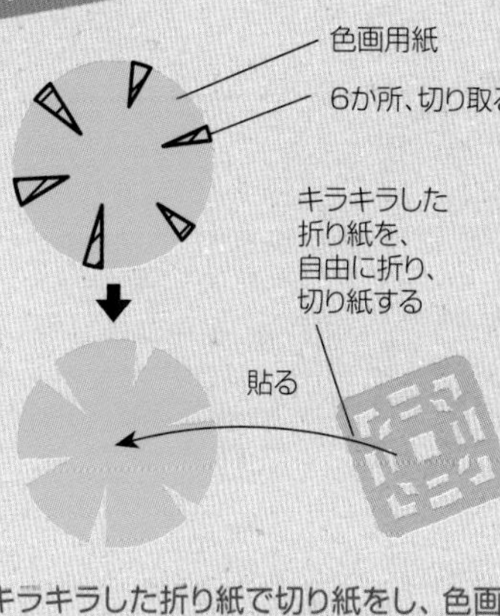
色画用紙
6か所、切り取る
キラキラした折り紙を、自由に折り、切り紙する
貼る

キラキラした折り紙で切り紙をし、色画用紙の台紙に貼ります。よれても光の反射に動きが出て、味のある風合いになります。

にぎやかなセーター
をたくさん飾って、
カラフルに演出！

毛糸+キラキラ素材
カラフルオリジナルセーター

材料　型紙 P100

色画用紙、
毛糸、
ビーズ、スパンコール

案・製作●尾田芳子

丸や三角、四角の色画用紙にキラキラのスパンコールやビーズ、毛糸をちりばめたセーター。子どもたちのこだわりがうかがえそうです。

作り方

毛糸
貼る
色画用紙
貼る
色鉛筆で
模様を描く
貼る
ビーズ
スパン
コール
載せて軽く
手で押さえる

描きたい柄をイメージして木工用接着剤を塗ると、その形にビーズなどが貼り付きます。

子どもの作品

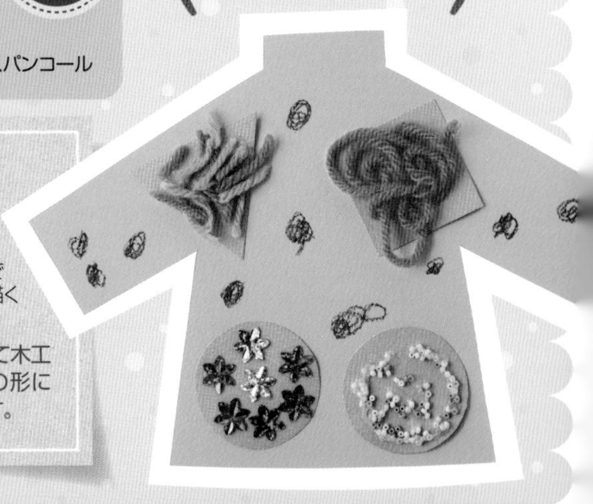

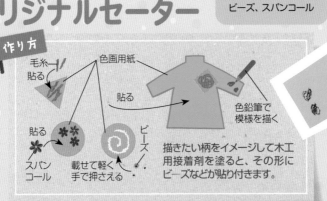

はじき絵模様の
おしゃれ雪だるまさん

案・製作●うえはらかずよ

おしゃれな洋服を着た雪だるまさんたち。みんなお似合いだね！

材料

型紙 P100

色画用紙、
キルト芯、
発泡スチロール板（台紙用）

作り方

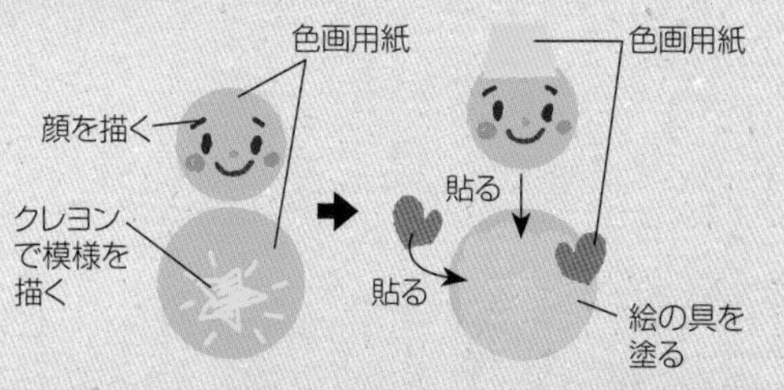

色画用紙
顔を描く
クレヨンで模様を描く
色画用紙
貼る
貼る
絵の具を塗る

雪だるまは、体にはじき絵をして、すてきな洋服を着せてあげましょう。

子どもの作品

自画像を貼って
雪だ！　そりで遊ぼう！

案・製作●みさきゆい

雪遊びって楽しいね！
おっとと、転ばないでね。

材料

色画用紙、
画用紙、折り紙、丸シール、
発泡スチロール板（台紙用）

型紙 P101

作り方

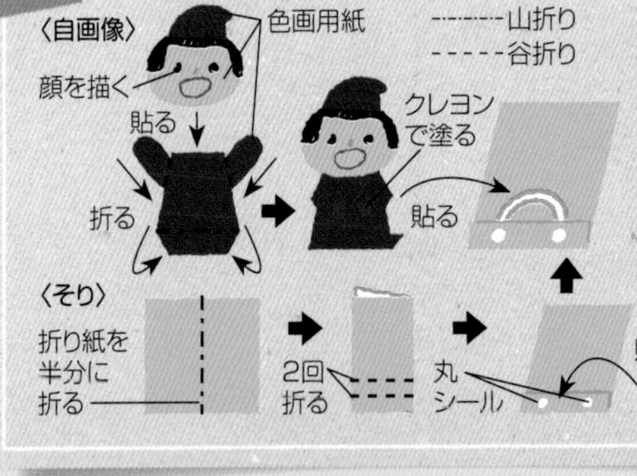

〈自画像〉
色画用紙
山折り
谷折り
顔を描く
貼る
折る
クレヨンで塗る
貼る
〈そり〉
折り紙を半分に折る
2回折る
丸シール
貼る
画用紙

折り紙で折ったそりが、子どもを乗せるのにぴったり！そりを折って、間に自画像を貼ると立体的に！

子どもの作品

室内飾り

自分でしぼれる
紙粘土クリームのカップケーキ

案・製作●尾田芳子

軽量紙粘土で作るホイップクリームが本物そっくり！
実際に絞り袋で絞る工程も楽しめます。

子どもの作品

材料

軽量紙粘土、カラー紙粘土、
木工用接着剤、絞り袋、ボンテン、
スパンコール、カラー紙コップ、輪ゴム

作り方

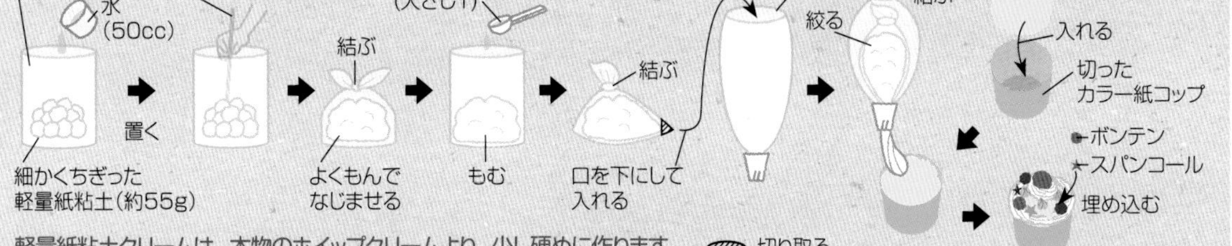
ビニール袋
水
(50cc)
置く
細かくちぎった
軽量紙粘土(約55g)
棒などでかき混ぜる
結ぶ
よくもんで
なじませる
木工用接着剤
(大さじ1)
もむ
結ぶ
口を下にして
入れる
絞り袋
絞る
輪ゴムで
結ぶ
カラー紙粘土
入れる
切った
カラー紙コップ
ボンテン
スパンコール
埋め込む
切り取る

軽量紙粘土クリームは、本物のホイップクリームより、少し硬めに作ります。

3月

自画像をのせて

未来に向かって羽ばたくよ ぼくたち、わたしたち

案・製作●みさきゆい

カラフルな鳥に乗って飛び立とう！
進級、卒園にぴったりな壁面です。

材料

色画用紙、画用紙、柄入り折り紙、
発泡スチロール板（台紙用）

型紙
P102

作り方

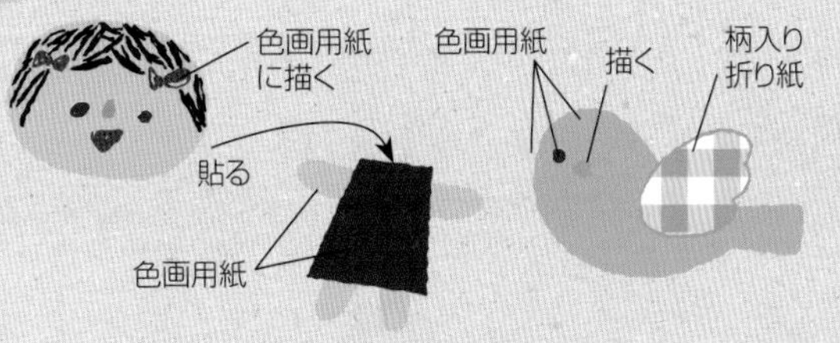

鳥に乗った自画像がかわいい！　羽は柄入り折り紙でおしゃれに。

子どもの作品

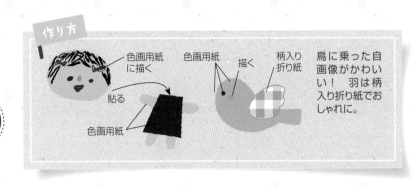

淡いにじみ具合がすてきなパンジー。霧吹きで水をかけて、にじみ加減を調節します。

霧吹きでにじみ絵
華やかパンジー

プランターのパンジーがカラフルに咲きました。お水をあげて大切に。

案・製作●町田里美

材料

障子紙、霧吹き、色画用紙、丸シール

型紙 P101

作り方

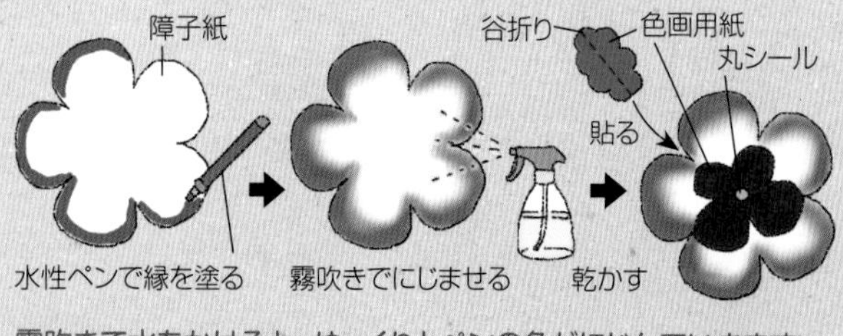
障子紙
水性ペンで縁を塗る
霧吹きでにじませる
谷折り
色画用紙
丸シール
貼る
乾かす

霧吹きで水をかけると、ゆっくりとペンの色がにじんでいきます。

子どもの作品

みんなの顔が笑った

にっこり自画像のたんぽぽ咲いたね

案・製作●イシグロフミカ

**自画像を、
たんぽぽに重ねて。
春らしさ満開です。**

材料

色画用紙、
紙テープ、折り紙、画用紙、
段ボール板（台紙用）

型紙 P102

作り方

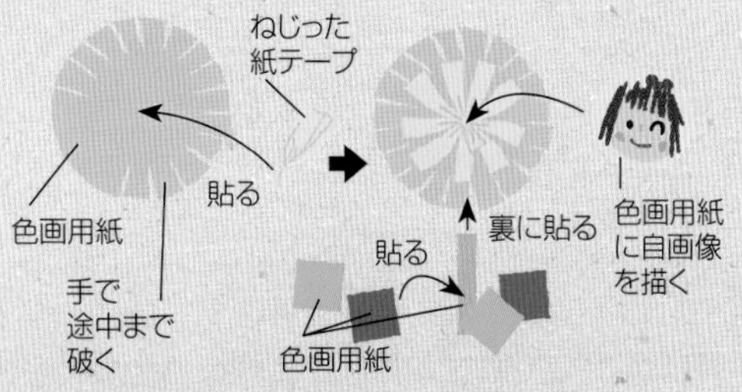

ねじった紙テープ
貼る
色画用紙
手で途中まで破く
裏に貼る
貼る
色画用紙
色画用紙に自画像を描く

色画用紙を破く手を、途中でストップ。ねじった紙テープでボリュームアップ！

子どもの作品

切り紙と自画像で

お友達といっしょに進級おめでとう!

案・製作●みさきゆい

くす玉が開いてお祝いムードいっぱいです。みんなまたひとつ大きくなったね。

材料

色画用紙、折り紙、キラキラした折り紙、発泡スチロール板(台紙用)

型紙 P103

作り方

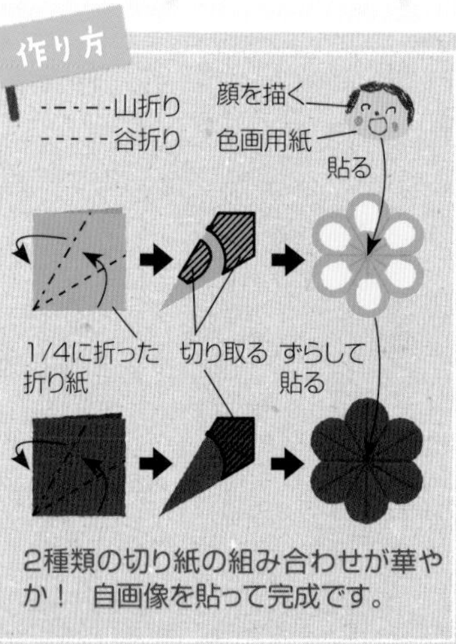

-----山折り
-----谷折り
顔を描く
色画用紙
貼る
1/4に折った折り紙
切り取る
ずらして貼る

2種類の切り紙の組み合わせが華やか! 自画像を貼って完成です。

子どもの作品

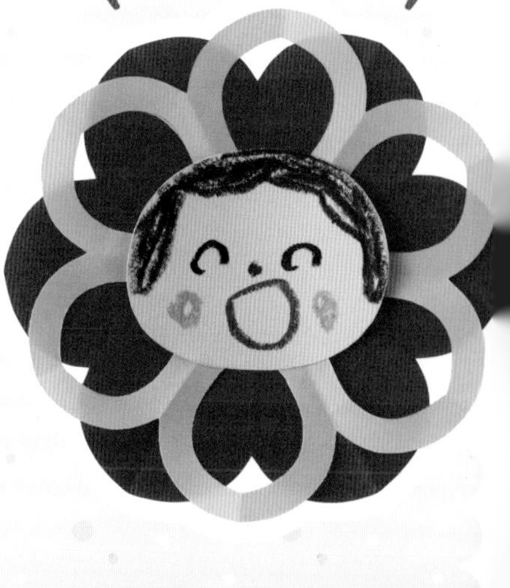

室内飾り

みんなつながる

紙テープちょうちょうの電車

案・製作●宮地明子

紙テープをねじったちょうちょうを貼ると、おしゃれな電車のできあがり！ 自画像も乗せて。

電車を紙テープでつなげると、窓や廊下、棚など、いろいろな所に飾れます。

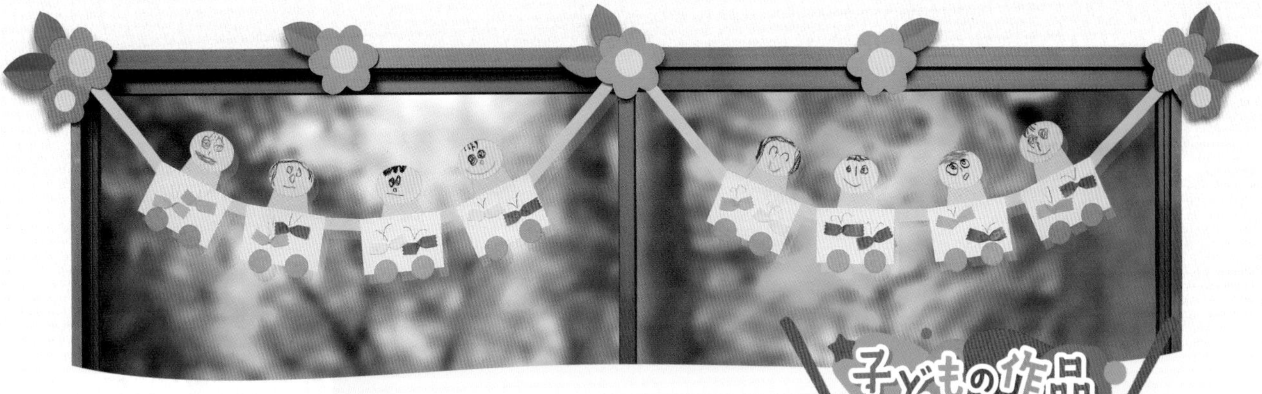

子どもの作品

材料

紙テープ、色画用紙

型紙 P103

作り方

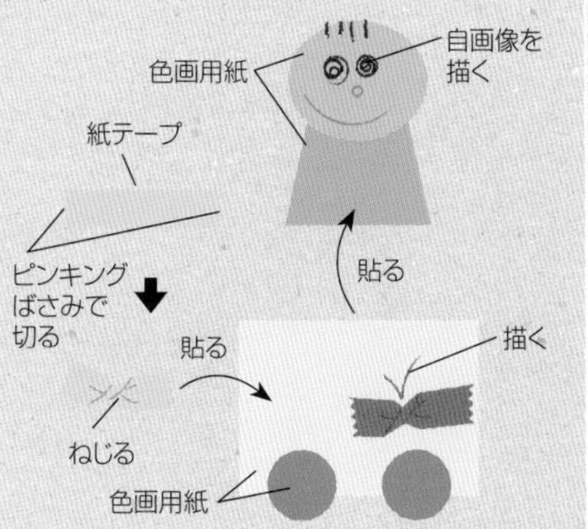
色画用紙
自画像を描く
紙テープ
ピンキングばさみで切る
貼る
貼る
描く
ねじる
色画用紙

あめの包みみたいに、ゆっくりねじってみよう！

型紙集

型紙
P000

マークが付いている作品の
型紙コーナーです。必要な大きさに
コピーしてご利用ください。

P8 ふんわりさくらが満開

ねずみ

さくらの花

ひよこ

うさぎ

さくらの木

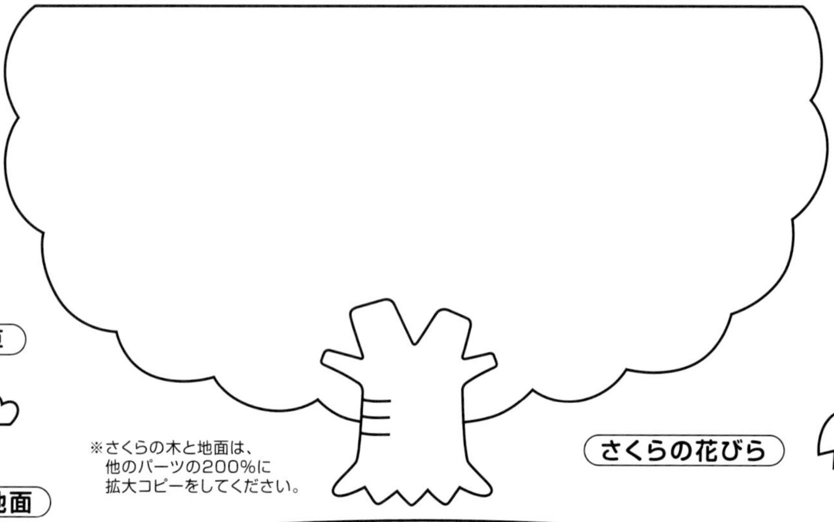

くま

草

さくらの花びら

※さくらの木と地面は、
他のパーツの200%に
拡大コピーをしてください。

地面

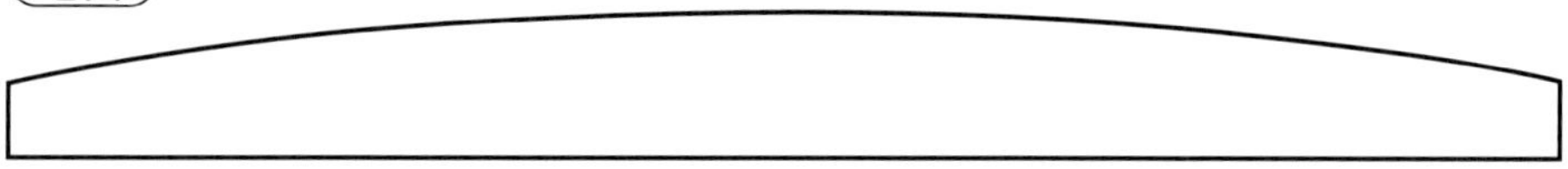

P10 ひらひらちょうちょう

たんぽぽ

※たんぽぽの花は、
花のサイズを変えて
重ねましょう。

台紙

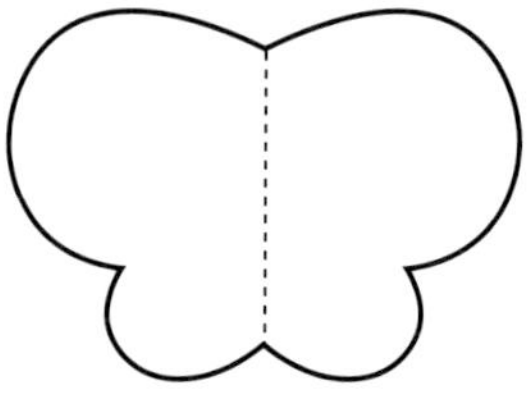

ちょうちょう

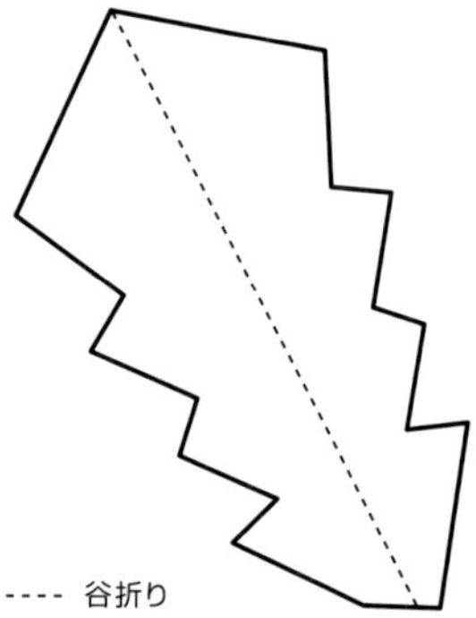

-------- 谷折り

P11 お花の気球で、さあ行こう！

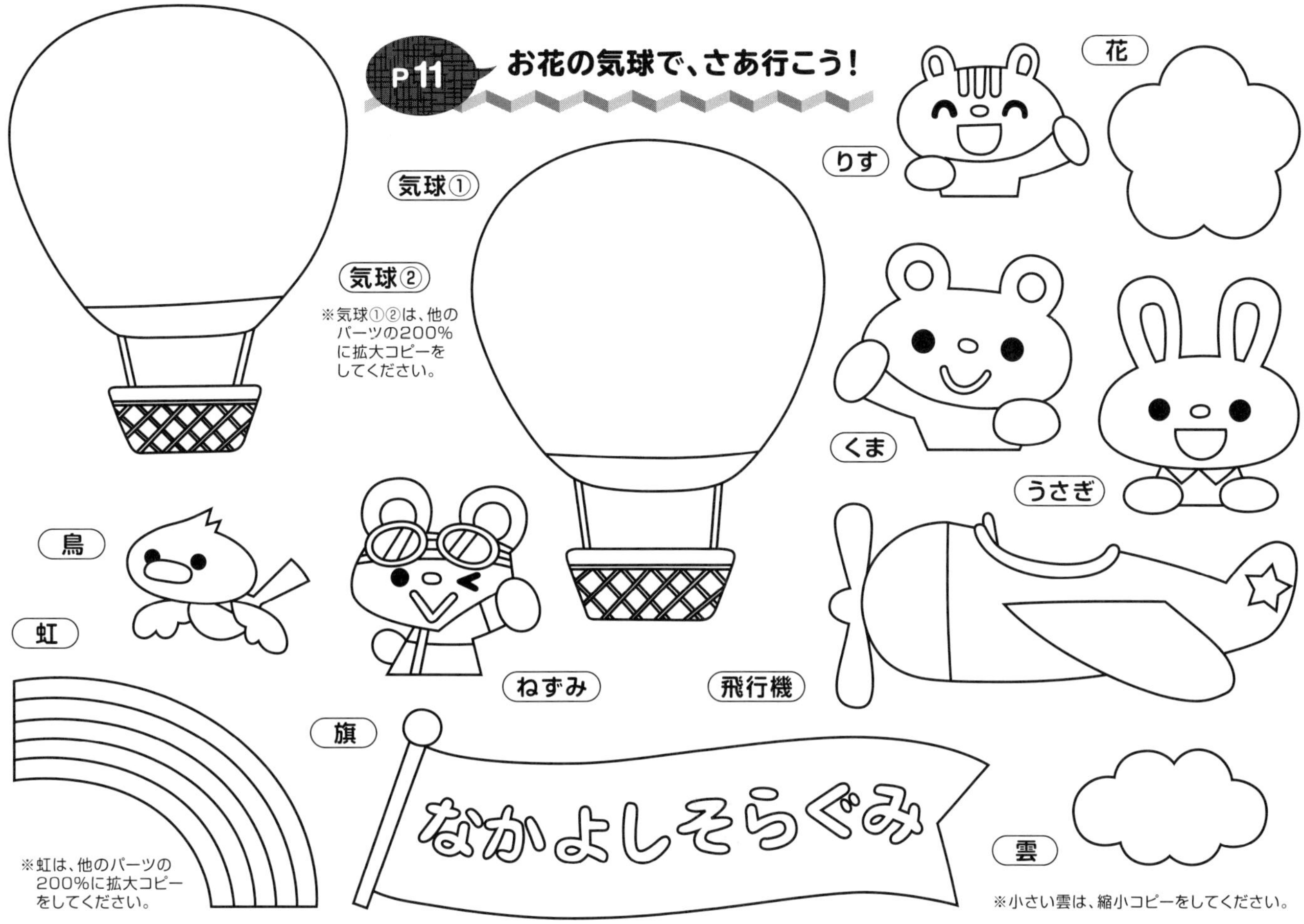
気球①
気球②
りす
花
くま
うさぎ
鳥
虹
ねずみ
飛行機
旗
なかよしそらぐみ
雲

※気球①②は、他のパーツの200%に拡大コピーをしてください。

※虹は、他のパーツの200%に拡大コピーをしてください。

※小さい雲は、縮小コピーをしてください。

P12 いちごおいしいね！

ねずみ
いぬ
ねこ
いちご
ちょうちょう
葉
花
いちご畑
ひよこ
りす

※いちご畑は、他のパーツの160%に拡大コピーをしてください。

※いちご畑は、上下共通です。

P13 さいた！　立体チューリップ

葉っぱ

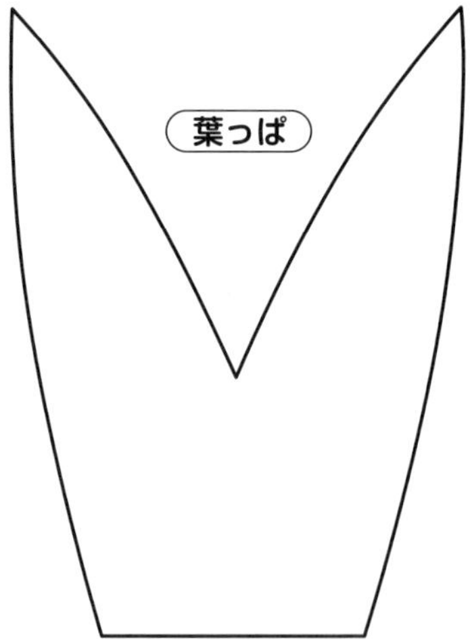

もぐら

P14 夢のおうちを作ろう

※反対向きの鳥②は、
反転コピーを
してください。

鳥①

鳥②

うさぎ

ぶた

草

木

※反対向きの木は、反転コピーをしてください。
※小さい木は、縮小コピーをしてください。

P16 お花紙カーネーション

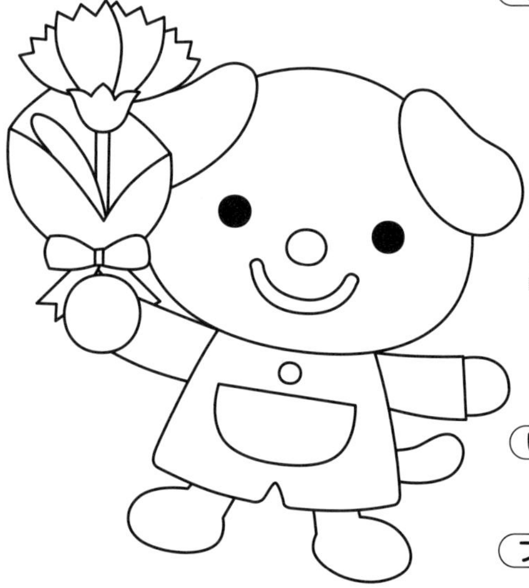

いぬ

ぶた

プランター

※小さいプランターは、
縮小コピーをしてください。

P17 大空を行く、みんなのこいのぼり

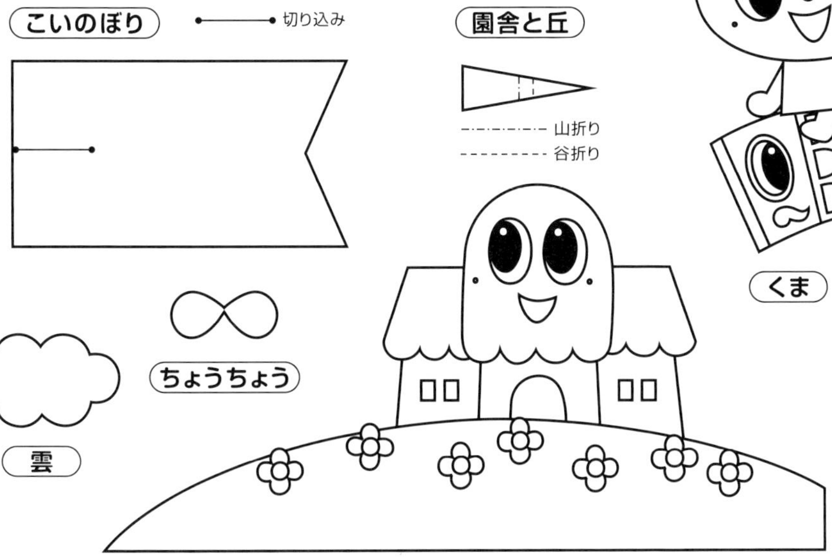
こいのぼり
切り込み
園舎と丘
山折り
谷折り
ちょうちょう
雲

くま
うさぎ
ねずみ

くま
ぶた
ねずみ

P18 はじき絵の風船で空を飛んでみよう！

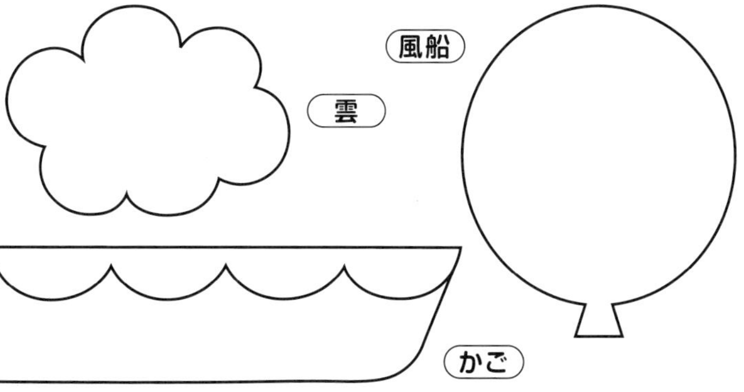
風船
雲
かご

雲
花

※小さい雲は、
縮小コピーを
してください。

P19 コーヒーフィルターにじみの小鳥

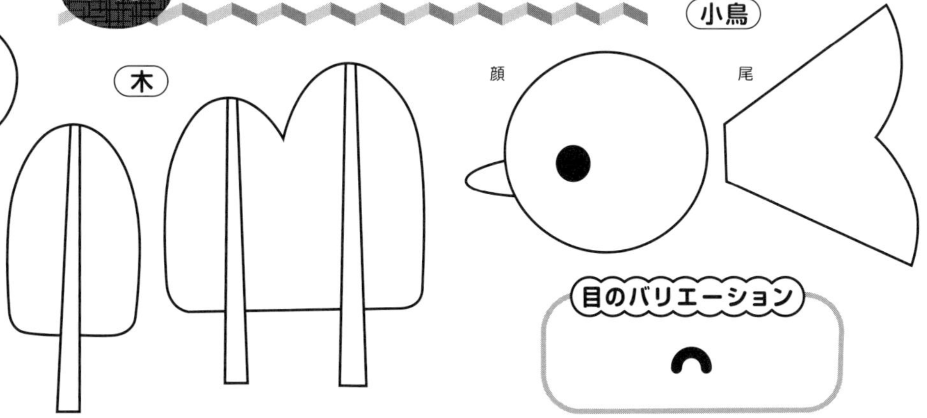
小鳥
木
顔
尾
目のバリエーション

P20 みんなでうたおう♪　パクパクお口のかえるさん

かえるの先生

雨粒

水滴

草

黒板

かえる

目

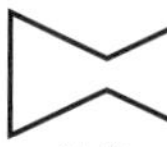

リボン

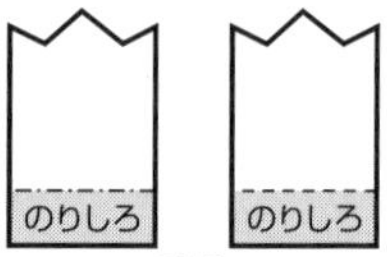

手足

-·-·-·-·-·- 山折り　- - - - - - - - - 谷折り

P22 指でぐるぐるかたつむり

あじさい

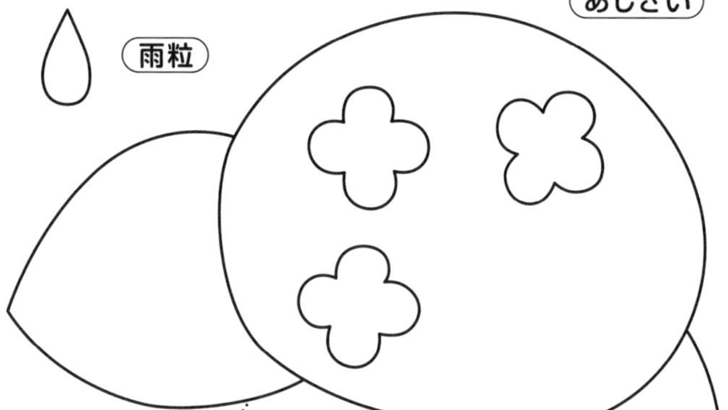

雨粒

ピンキングばさみで切る

※小さいあじさいは、縮小コピーをしてください。
※あじさいの葉の位置は、自由に変えてください。

かたつむり

体

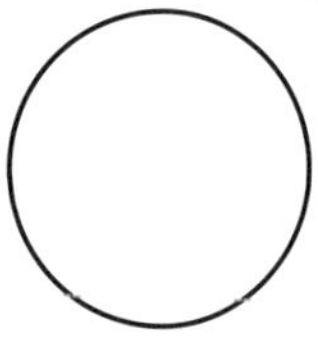

殻

P25 いろいろ折り紙のおしゃれレインコート

雨粒

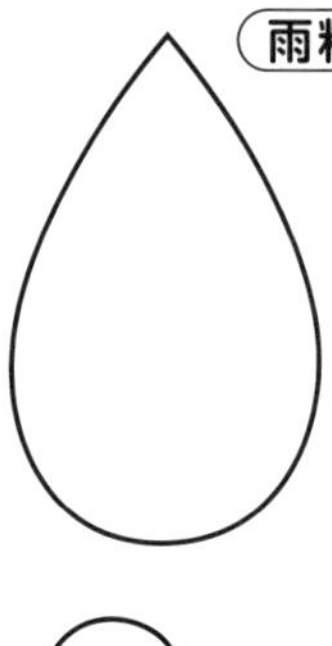

レインコート

顔と体

手

足

※手足は、左右共通です。

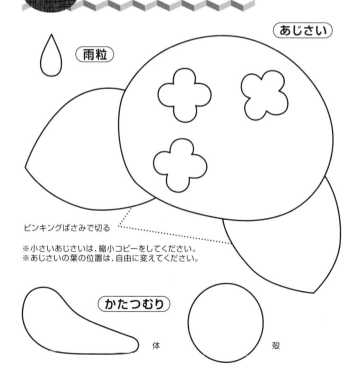

P23 ぼくの・わたしの手作りTシャツ

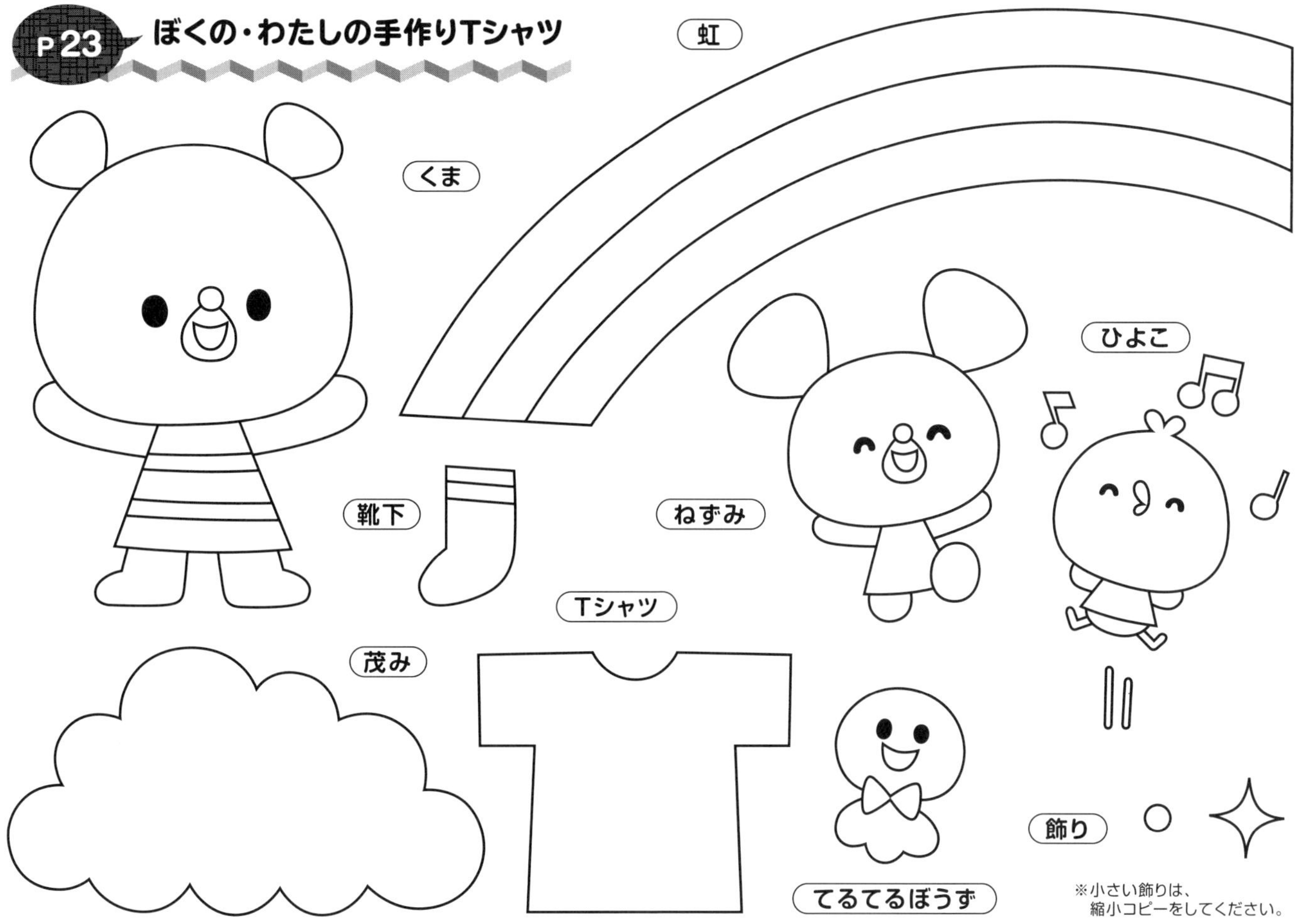

虹
くま
ひよこ
靴下
ねずみ
Tシャツ
茂み
飾り
てるてるぼうず

※小さい飾りは、
縮小コピーをしてください。

P24 お花紙のカラフルあじさい見～つけた！

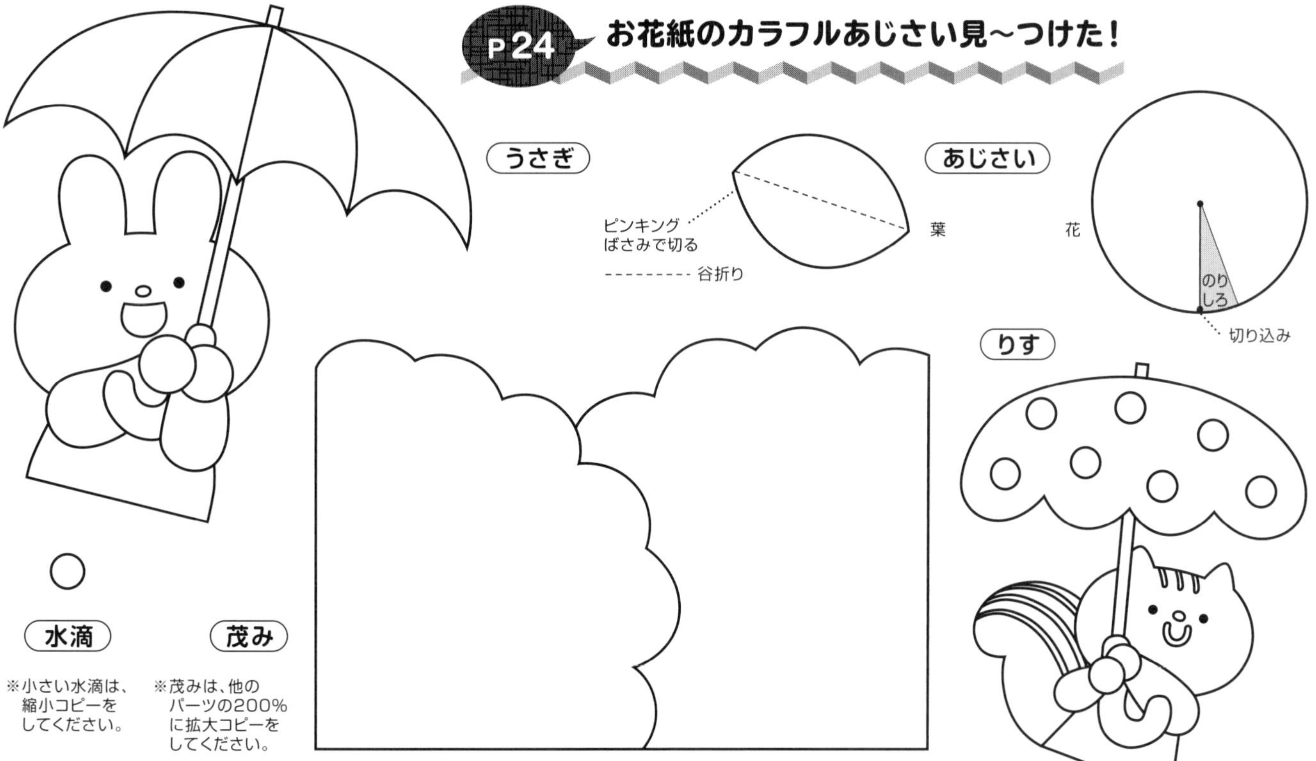

うさぎ
あじさい
ピンキング
ばさみで切る
谷折り
葉
花
のり
しろ
切り込み
りす
水滴
茂み

※小さい水滴は、
縮小コピーを
してください。

※茂みは、他の
パーツの200%
に拡大コピーを
してください。

P26 染め紙あさがおにおはよう！

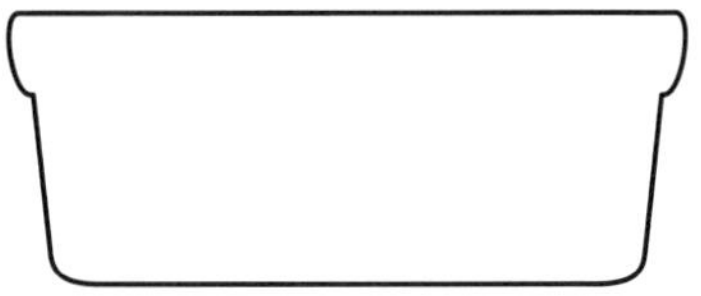

※地面は、他のパーツの160%に
拡大コピーをしてください。

P29 キラリ！　おさかなの合唱隊

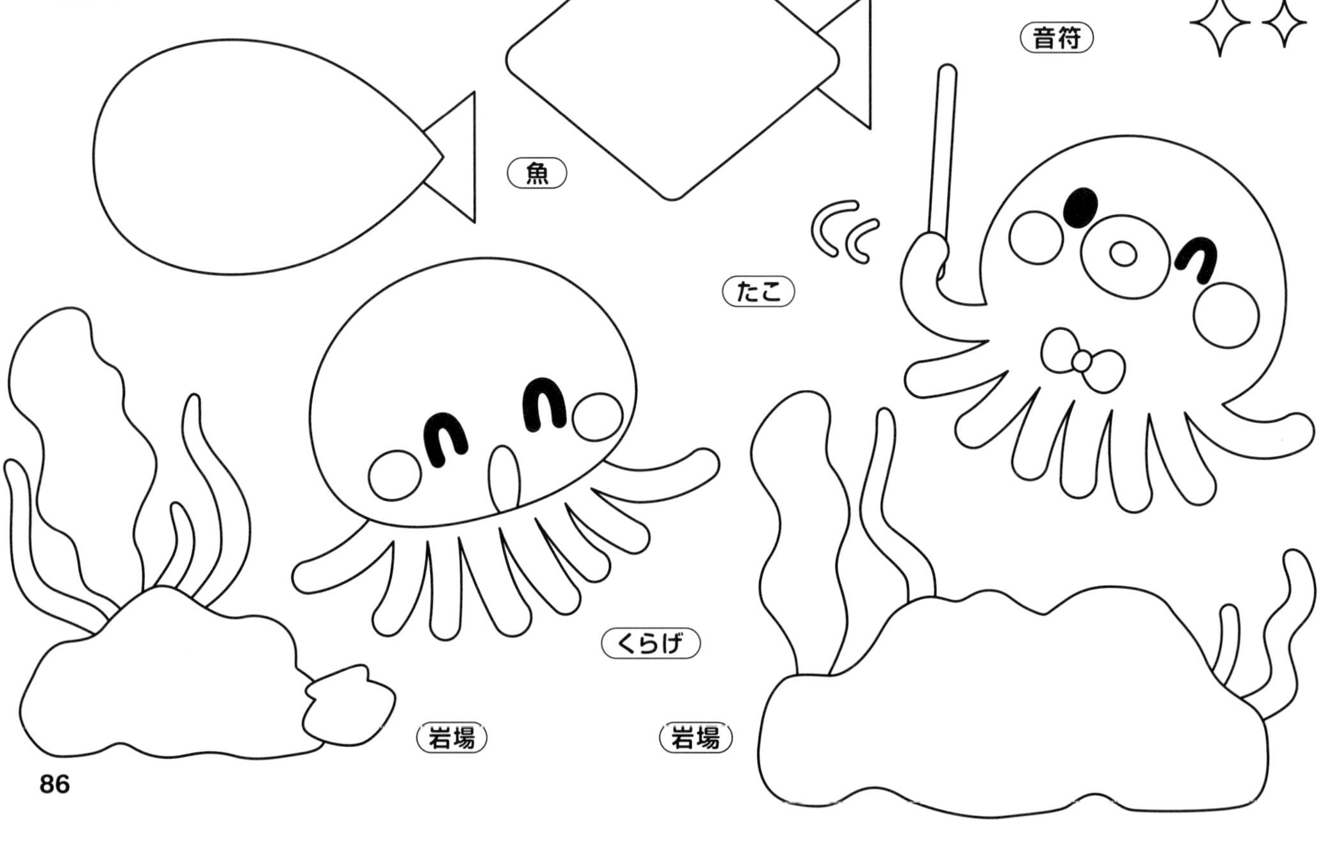

P30 たっぷりトッピングのアイスクリームやさん

小鳥

草

屋台

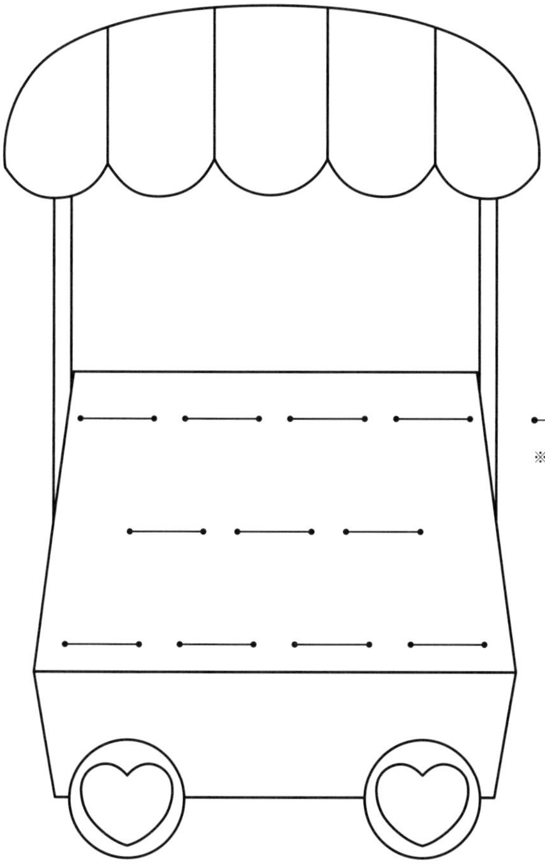

切り込み

※屋台は、他のパーツの125%に拡大コピーをしてください。

ピンキングばさみで切る

くま

コーン

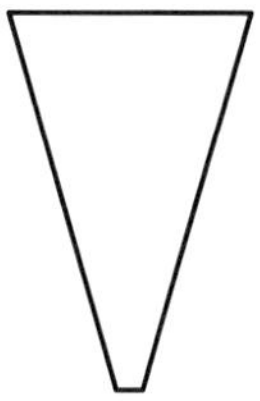

アイスクリーム

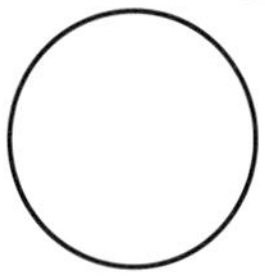

P31 立体三角すいか

すいか

山折り

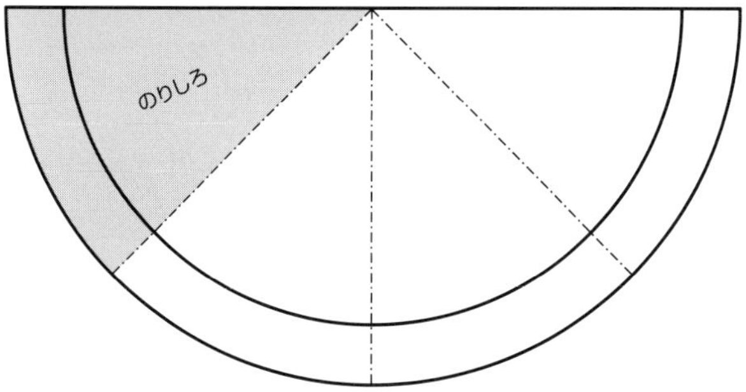

P28 シャボン玉水着

水着

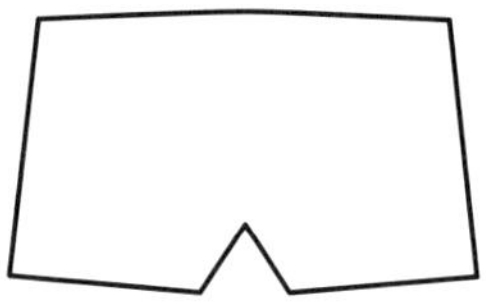

自画像

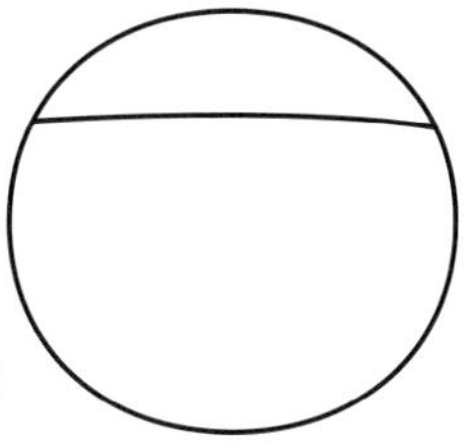

頭

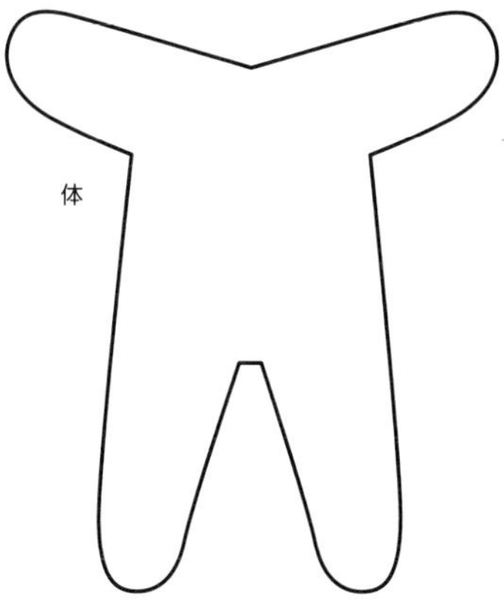

体

魚

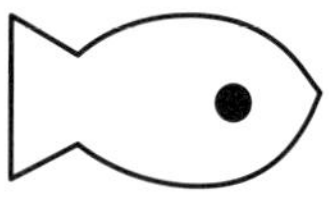

※反対向きの魚は、反転コピーをしてください。

P32 切り紙花火 みんなでたまや～！

くま

うさぎ

ぞう

P34 手形うろこ＆ひらひらお花紙金魚

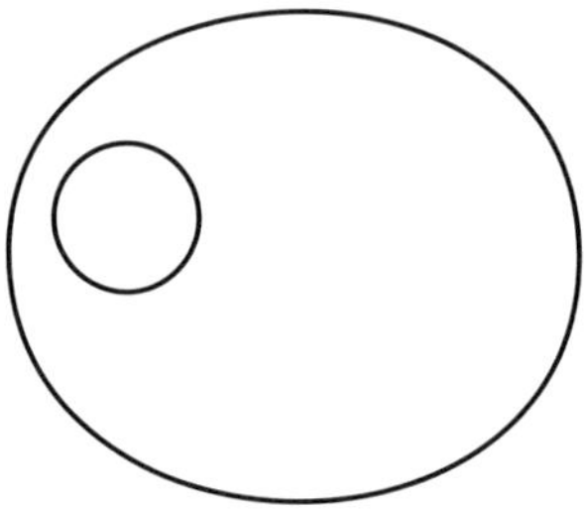

金魚

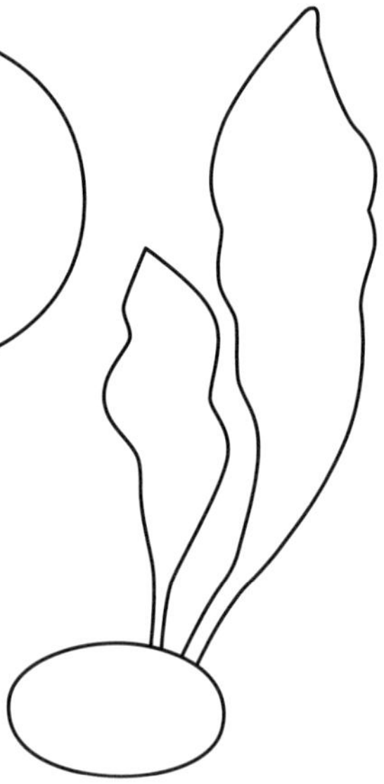

小石と藻

※藻の形は、
自由に変えて
ください。

P36 なに味がお好き？　染め紙かき氷

かき氷機

ペンギン女の子

シロップ

※反対向きの
シロップは、
反転コピーを
してください。

ペンギン男の子

テーブル

※テーブルは、他の
パーツの200％
に拡大コピーを
してください。

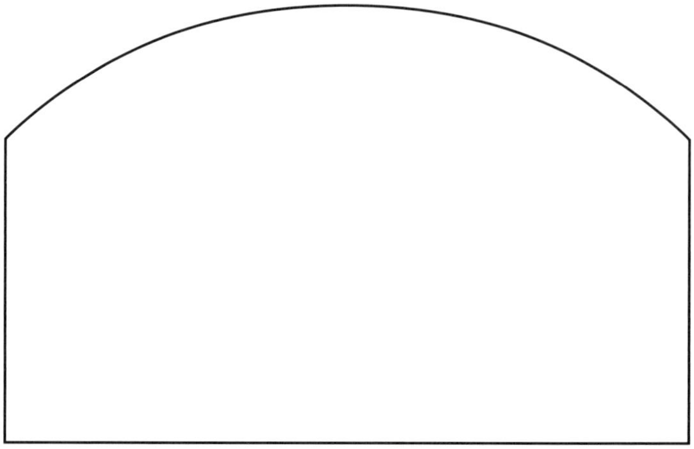

P35 大にぎわい！ 夏の虫のツリーハウス

木

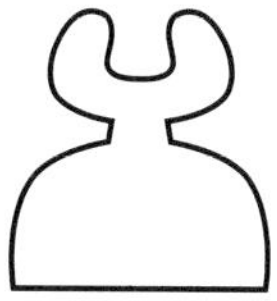

かぶとむしの顔

くわがたむしの顔

雲

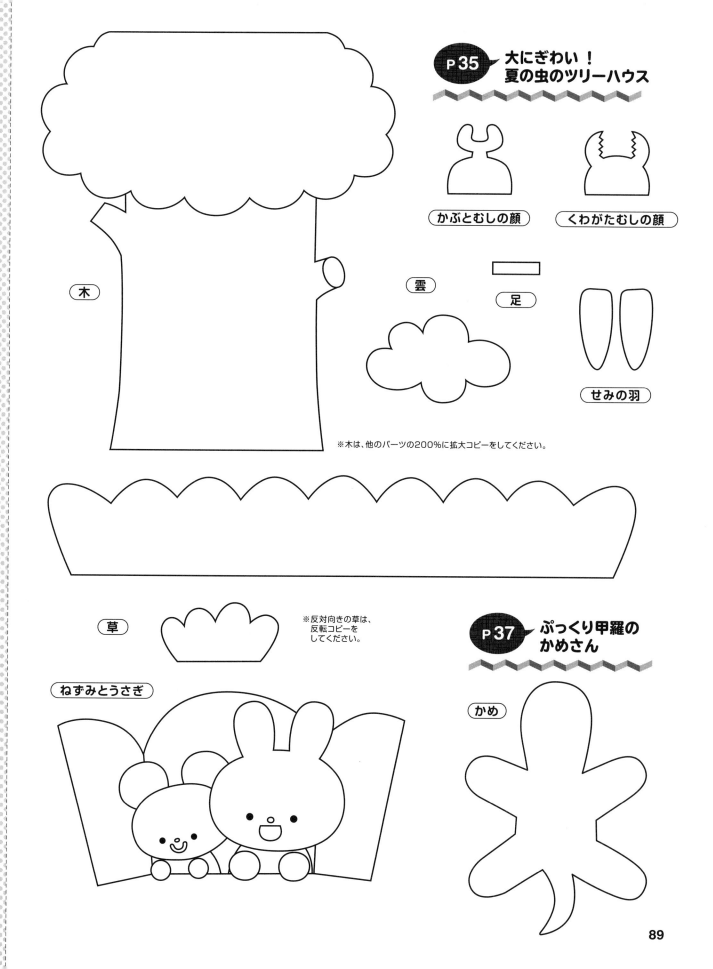

足

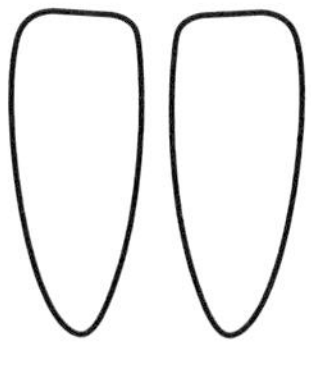

せみの羽

※木は、他のパーツの200%に拡大コピーをしてください。

草

※反対向きの草は、反転コピーをしてください。

ねずみとうさぎ

P37 ぷっくり甲羅の かめさん

かめ

P38 たくさんなってるね！ くるくるスタンプのぶどう

ねずみ

ぶどうとかご

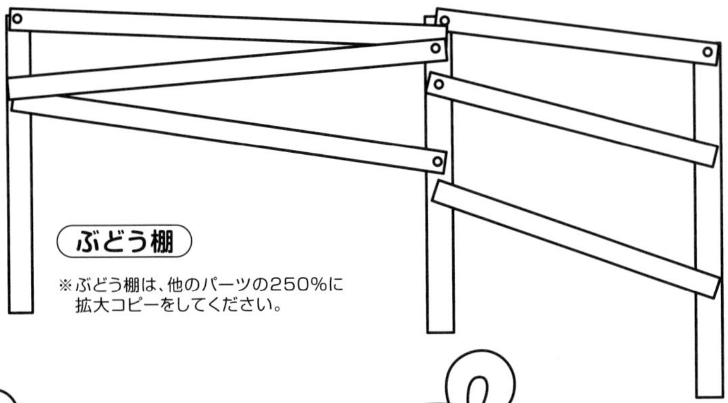

ぶどう棚

※ぶどう棚は、他のパーツの250%に拡大コピーをしてください。

うさぎ

くま

ぶどう

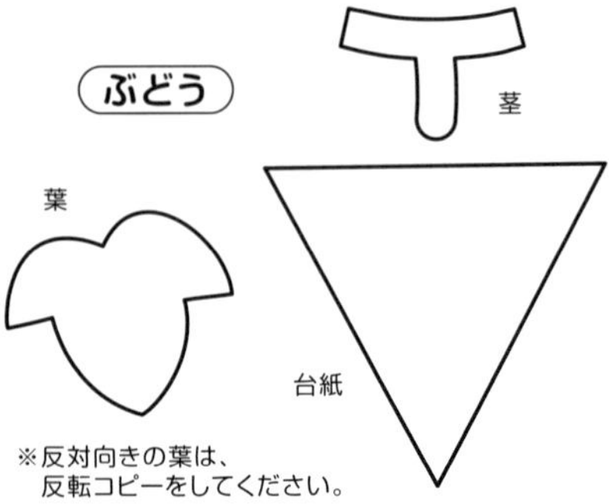

※反対向きの葉は、反転コピーをしてください。

P40 カラフルつばさのふくろう

木の茂み

星

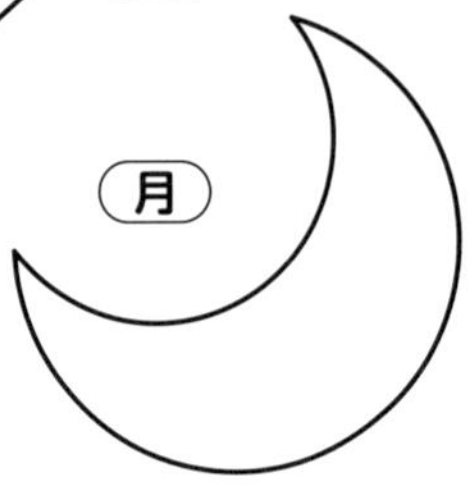

月

※木の茂みと月は、他のパーツの150%に拡大コピーをしてください。

ふくろう

くちばし

胸の模様

--------- 谷折り

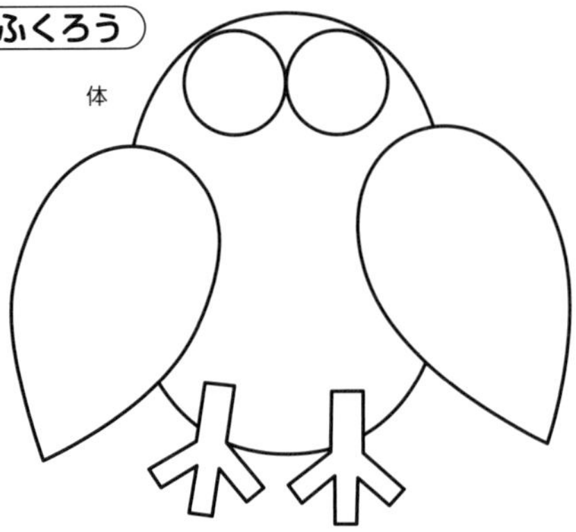

P43 いろいろ羽模様のとんぼ

羽

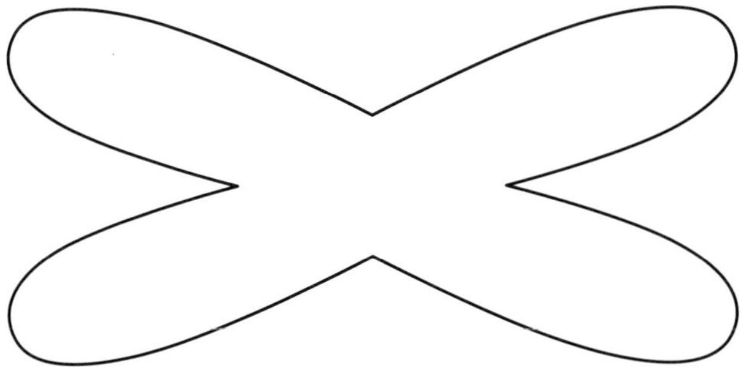

雲

目

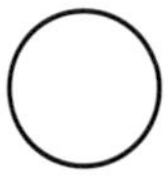

※目は、左右共通です。

P41 コスモス畑でピクニック

コスモスの茎と葉
ぶた
音符
りす
うさぎ
とんぼ

P42 にぎやかきのこが大集合！

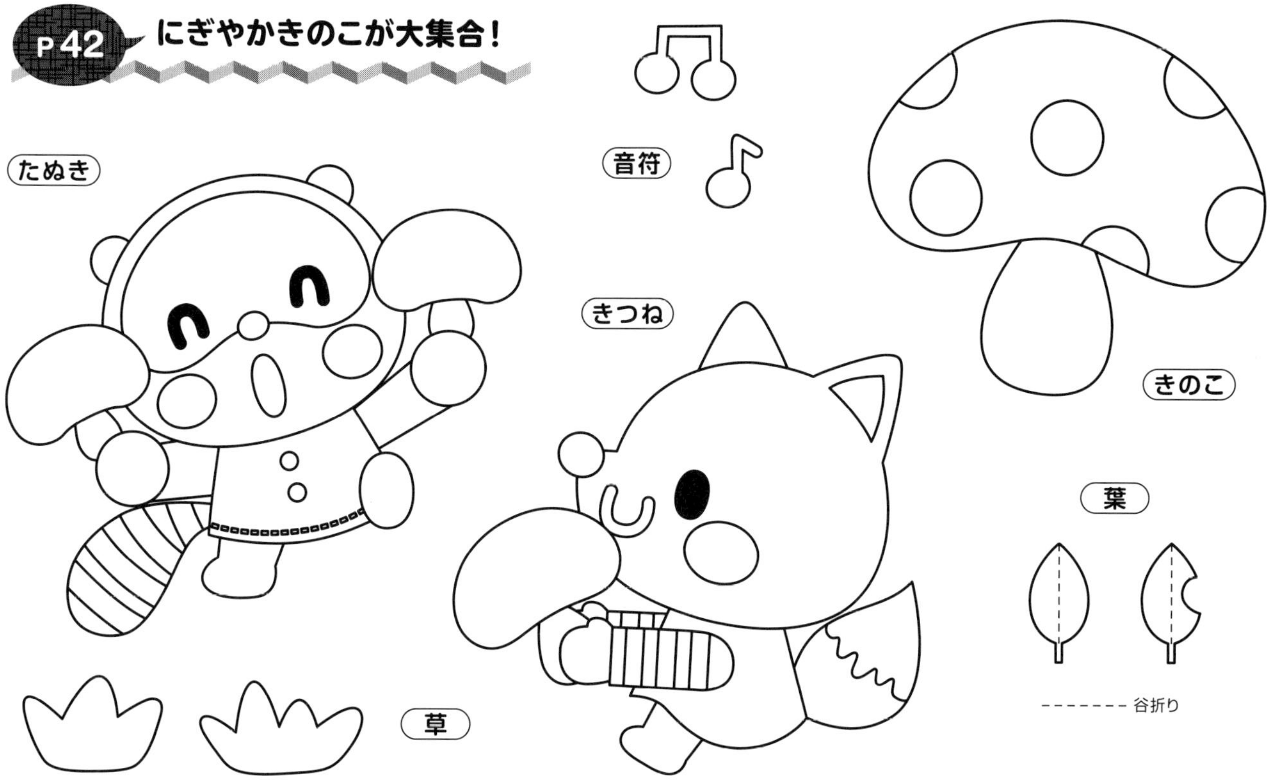
音符
たぬき
きつね
きのこ
葉
谷折り
草

P44 カラーセロハンのキャンディーで　トリック オア トリート！

こうもり
くま
うさぎ
月
星
おばけ
家・城

P46 ぐるぐる塗りのおいも

表情のバリエーション

おいも

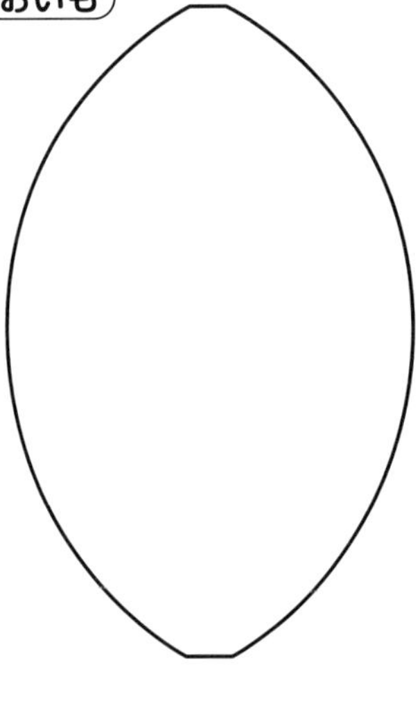

葉

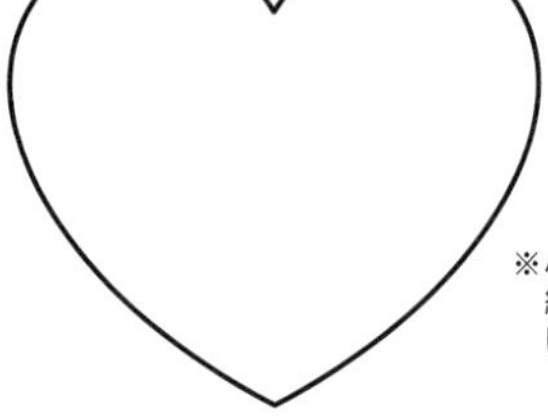

※小さい葉は、
縮小コピーを
してください。

雲

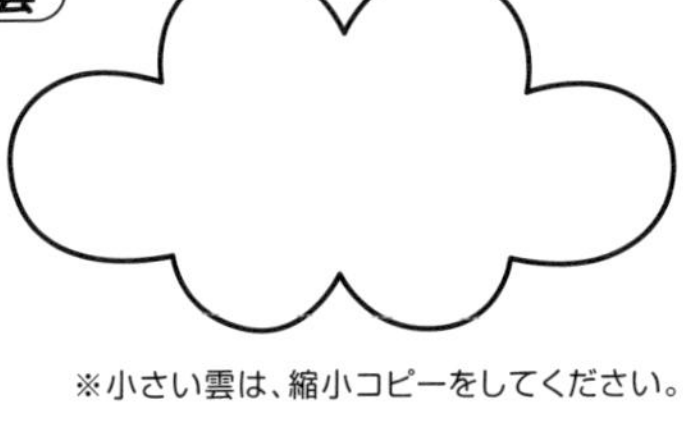

※小さい雲は、縮小コピーをしてください。

りす
くま
ねこ
ひよこ

P47 おしゃれ帽子のどんぐりさん

どんぐり
草
木

※木は、他のパーツの300%に
拡大コピーをしてください。

P48 行っくよ～！ コロコロ染め紙まつぼっくり

かご
表情のバリエーション
葉
松葉
りす

※かごは、他のパーツの125%に
拡大コピーをしてください。

※反対向きのりすと松葉は、
反転コピーをしてください。

P49 リバーシブルの ペロペロキャンディー

あめ
くま
うさぎ
花
ハート

P50 コーヒーフィルターのふっくらみのむし

木

※木は、他のパーツの200%に拡大コピーしてください。

みのむしの顔

くま

ねずみ

ぶた

草

葉

※葉と落ち葉は、共通です。
※落ち葉は、縮小コピーをしてください。

P52 のりのり♪　はりねずみ

はりねずみ

足

体

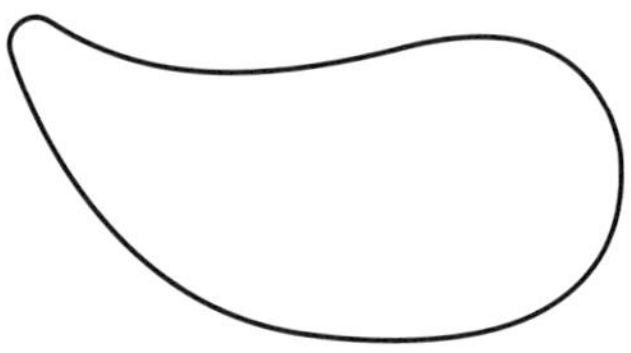

※足は、共通です。
※反体向きの足は反転コピーをしてください。

はりねずみとかご

P55 紙筒のきつね

きつね

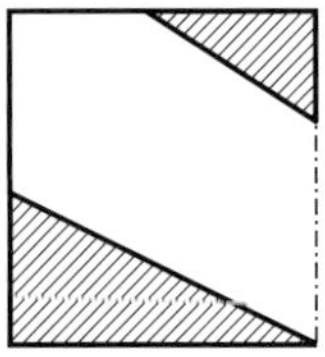

顔の模様

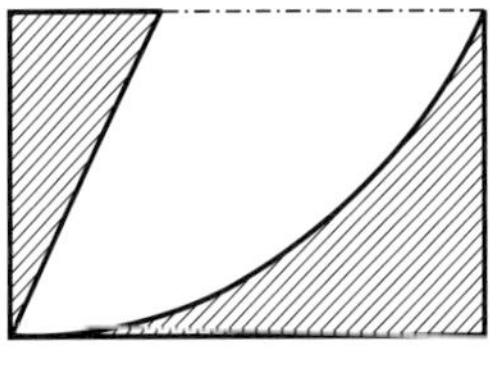

尾

切り取る

山折り

葉

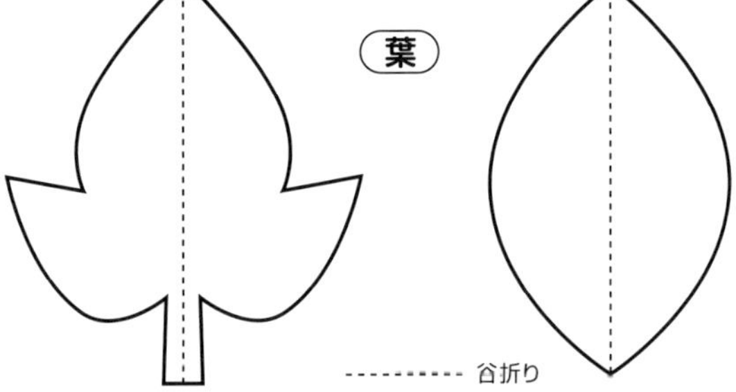

谷折り

P53 秋色紅葉ハウスへようこそ

りす

木

※木は、他のパーツの
180%に拡大コピーを
してください。

ねこ

葉の台紙

※葉の台紙は、他のパーツ
の200%に拡大コピー
をしてください。

ねずみ

草

P59 あったか手作りおでんはいかが？

ぶた

のれん

おでん

ねずみ

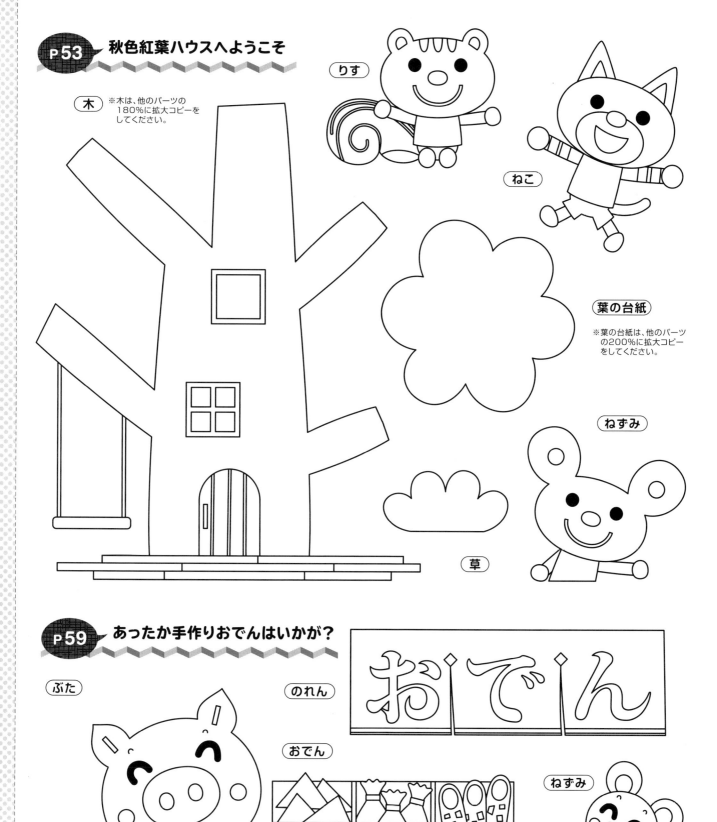

P56 夜空をかける　サンタさんと仲間たち

ひよこ
そり
木
※小さい星は、縮小コピーをしてください。
星
うさぎ
トナカイ
ねずみ
サンタさん
丘
家

P58 オリジナルマイマスク

ウイルス
顔
マスク
※小さいウイルスは、縮小コピーをしてください。

このメッセージが見えるまで開くと、きれいにコピーすることができます。

てっぺんの星

ツリー

ツリー

※ツリーは、
他のパーツの
200%に拡大コピー
をしてください。

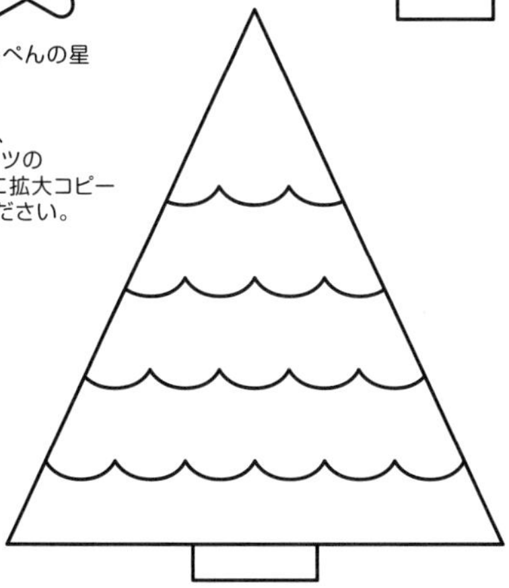

プレゼント箱

P60 みんなのアドベントカレンダー

ぶた

うさぎ

数字

1 2 3 4 5
6 7 8 9 0

鳥②

鳥①

飾り

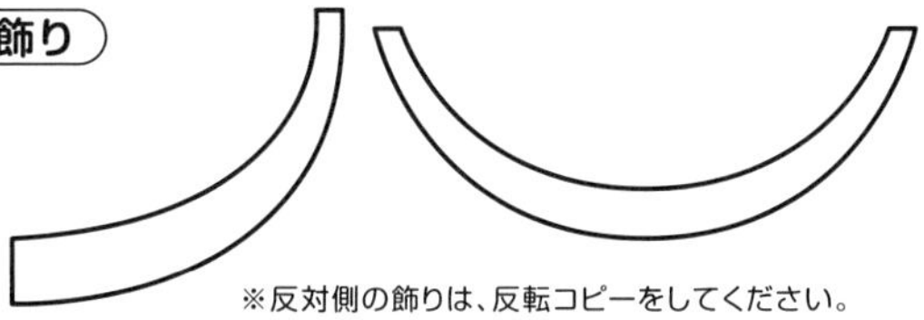

※反対側の飾りは、反転コピーをしてください。

雪の結晶

雪

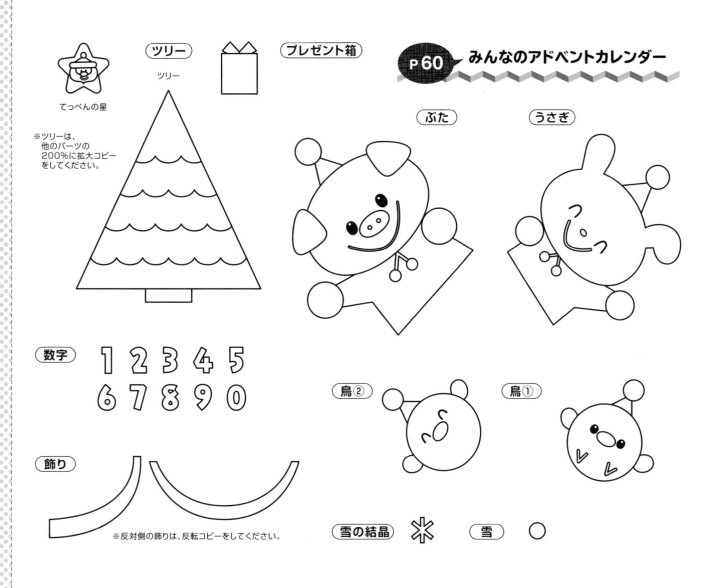

P61 オリジナル包装のプレゼントボックス

くま

星

ハート

ひいらぎの葉

- - - - - - - - - 谷折り

うさぎ

P 62 しめ縄で新しい年をお祝い！

くま

花

飾り

※小さい花は、縮小コピーをしてください。

うさぎ

P 64 野菜スタンプのコラージュ羽子板

うさぎ

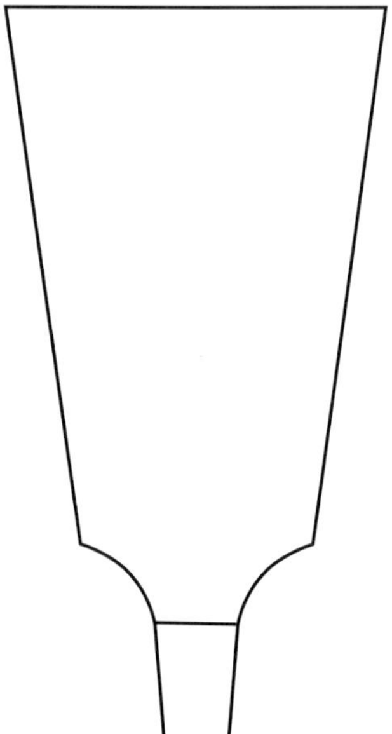

羽子板

くま

P 67 ペッタンのび～る餅つきセット

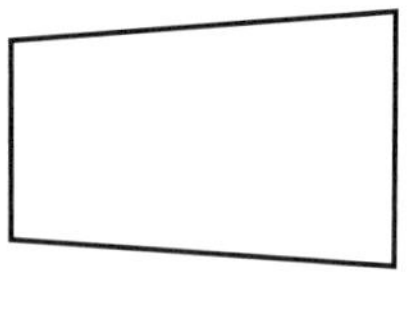

きね

うさぎ

P65 指描き模様のころころだるま

だるま

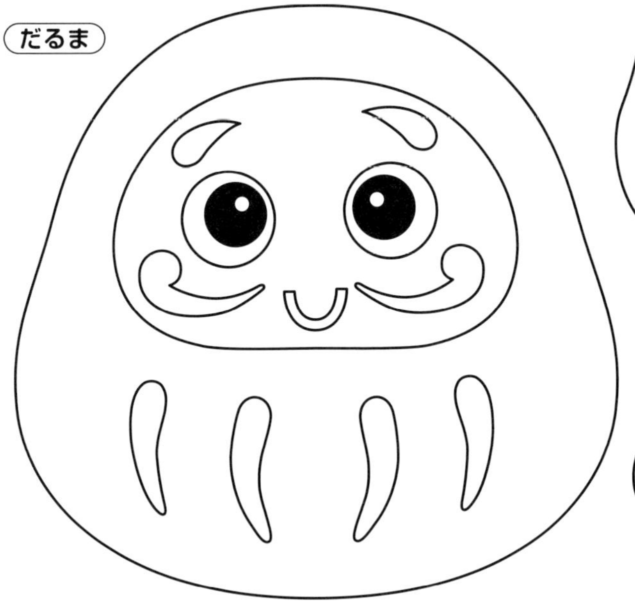

※だるまは、
他のパーツの125%に拡大コピーをしてください。

だるまの型

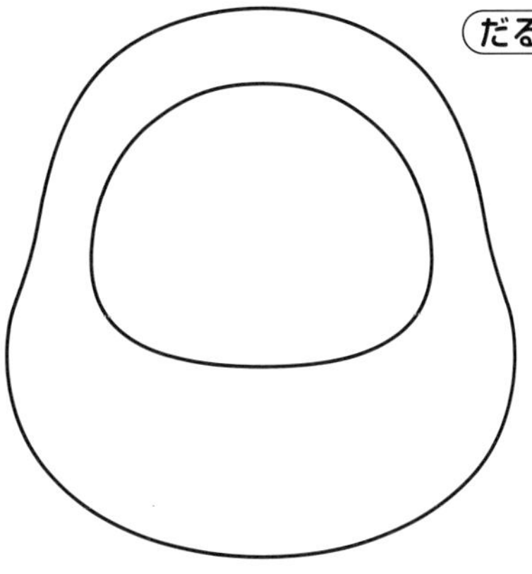

飾り

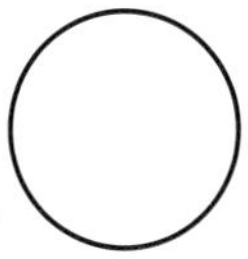

りす

ねずみ②

ねずみ①

ねずみ

P66 輪模様のにぎやか獅子舞さん

ねこ

いぬ

うめ

獅子舞

顔

足

※反対向きの足は、
反転コピーを
してください。

体

このメッセージが見えるまで開くときれいにコピーすることができます。

P68 ふわふわ降ってきた！　見て見て、雪の結晶

うさぎ
木
ねずみ
結晶の土台

くま

P70 カラフルオリジナルセーター

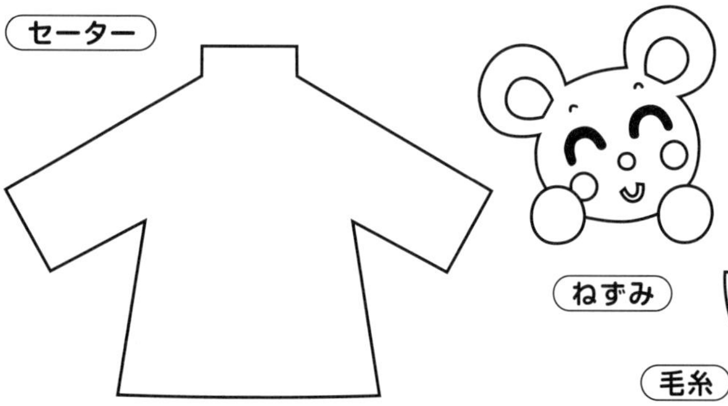
セーター
ねずみ
毛糸

セーターのパーツ
くま

P71 おしゃれ雪だるまさん

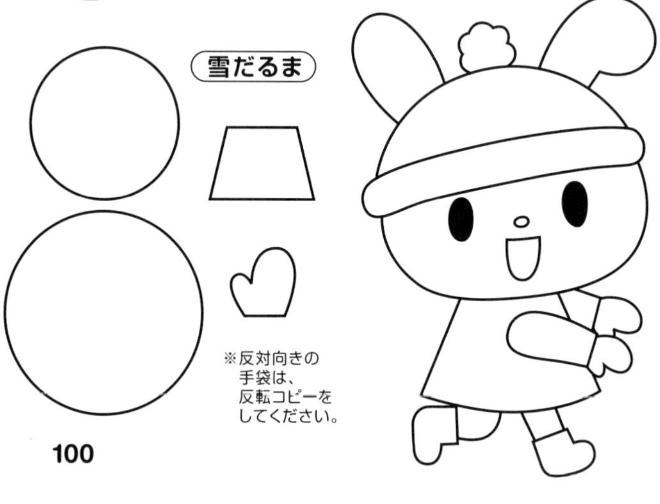
雪だるま
うさぎ

※反対向きの
手袋は、
反転コピーを
してください。

ねずみ
くま
雪

P72 雪だ！　そりで遊ぼう！

うさぎ

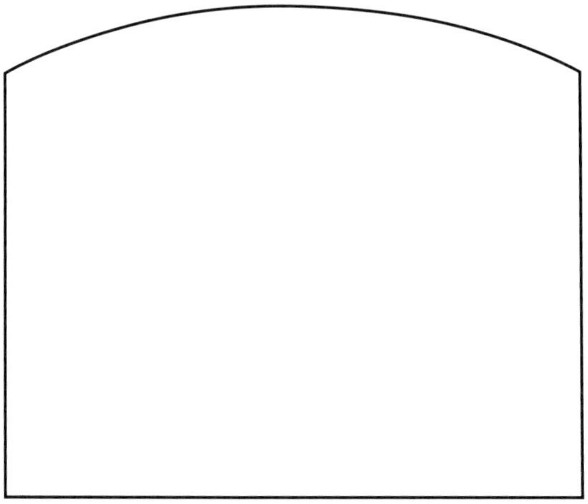

子ども

帽子

※反対向きの帽子は、
反転コピーを
してください。

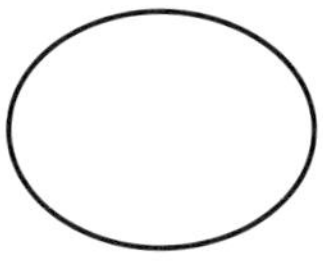

顔

-·-·-·-·-·- 山折り
--------- 谷折り

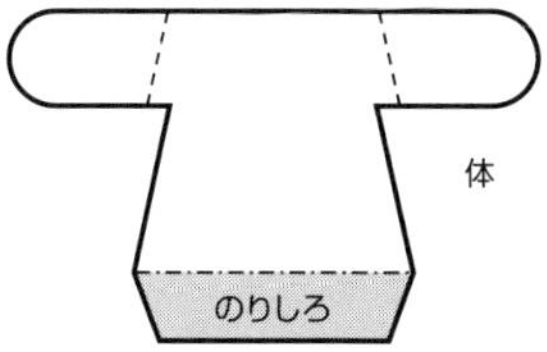

体

取っ手

くまとひよこ

木

※雪の形は、
自由に変えて
ください。

丘

※丘は、他のパーツの300%に
拡大コピーをしてください。

雪

※雪の形は、自由に
変えてください。

P76 華やかパンジー

子ども

パンジー

花

葉

小鳥

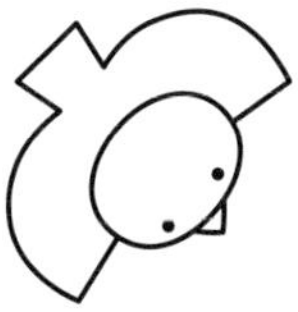

--------- 谷折り

プランター①

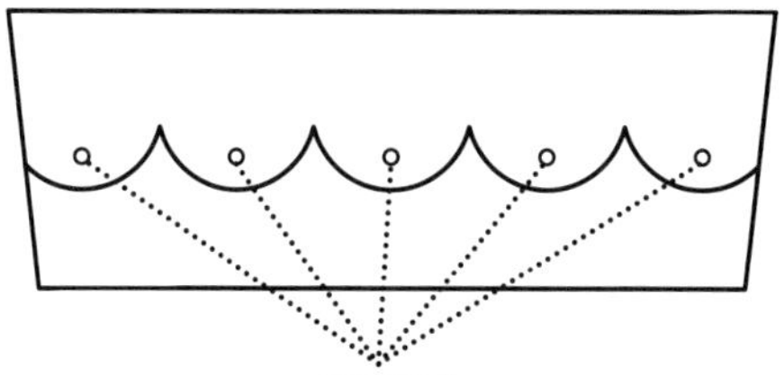

穴を開ける

プランター②

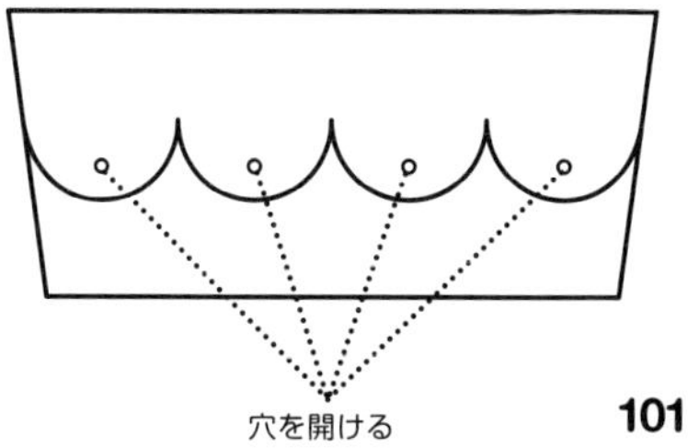

穴を開ける

P74 未来に向かって羽ばたくよ ぼくたち、わたしたち

くまと鳥
雲
小鳥
頭
ねこ
花
体
丘
子ども

※丘は、他のパーツの200%に拡大コピーをしてください。

※ねこが乗っている鳥は、くまが乗っている鳥を縮小コピーしてください。

P77 にっこり自画像のたんぽぽ咲いたね

ねずみ
りす
たんぽぽ
葉
茎
花
あおむし
音符

P78 お友達といっしょに進級おめでとう！

くま

くす玉

うさぎ

ひよこ

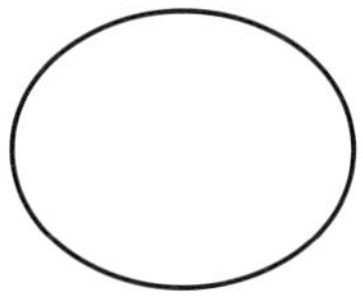

顔

飾り

花

P79 紙テープちょうちょうの電車

花

※花の重ね方や
葉の位置・枚数は、
自由に変えてください。

葉

※小さい葉は、
縮小コピーを
してください。

--------谷折り

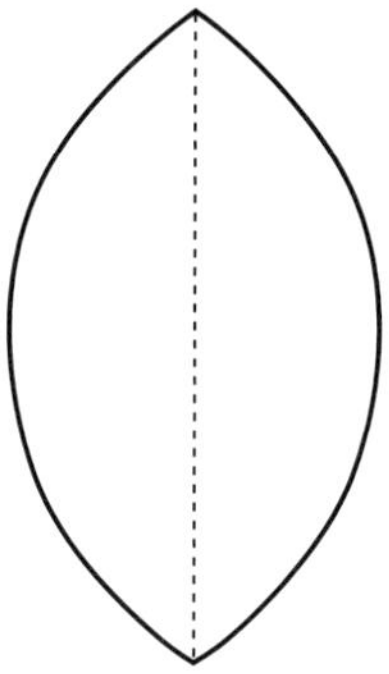

電車と自画像

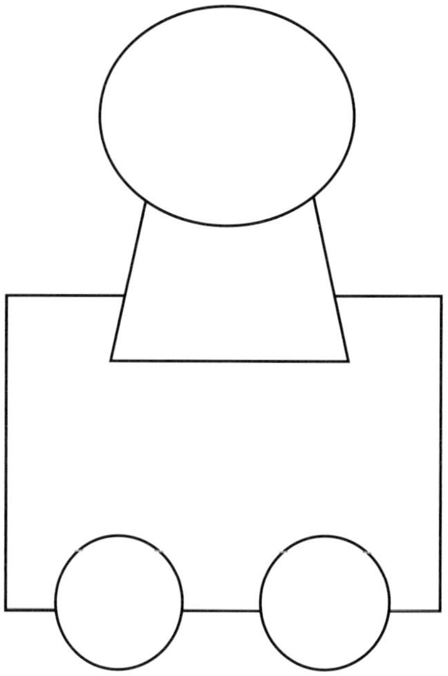

案・指導 (50音順)

あかまあきこ、アトリエ自遊楽校 渡辺リカ、イシグロフミカ、いとう・なつこ、うえはらかずよ、浦田利江、おおしだいちこ、尾田芳子、さとうゆか、すぎやままさこ、＊すまいるママ＊、たかしまよーこ、たちのけいこ、つかさみほ、とりう みゆき、町田里美、みさきゆい、宮地明子

巻頭執筆 町山太郎（まどか幼稚園園長）

巻頭イラスト みさきゆい

作り方イラスト おおしだいちこ、河合美穂、速水えり、みつき、わたいしおり

撮影 小山志麻、林 均、安田仁志、矢部ひとみ

カバーデザイン……株式会社フレーズ
本文デザイン……Plan Sucre 佐藤絵理子
型紙トレース……奏クリエイト、プレーンワークス
キッズモデル協力……有限会社クレヨン
本文校正……有限会社くすのき舎
編集協力……株式会社童夢
編集……時岡桃子

子どもの作品がひかる
いきいき壁面&室内飾り 12か月
2021年2月 初版第1刷発行

編者／ポット編集部

発行人／大橋 潤
編集人／西岡育子
発行所／株式会社チャイルド本社
〒112-8512 東京都文京区小石川5-24-21
電話／03-3813-2141（営業） 03-3813-9445（編集）
振替／00100-4-38410
印刷・製本／共同印刷株式会社
ISBN978-4-8054-0303-7
NDC376 26 × 21cm 104P

★ **チャイルド本社ホームページアドレス** https://www.childbook.co.jp/
チャイルドブックや保育図書の情報が盛りだくさん。どうぞご利用ください。